Horóscopo de los Ángeles 2025

Alina Rubi

Publicado Independientemente

Derechos Reservados © 2025

Astróloga: Alina Rubí

Email: rubiediciones29@gmail.com

Edición: Angeline Rubí

rubiediciones29@gmail.com

Ninguna parte de este Horóscopo de los Ángeles 2025 puede ser reproducida, o transmitida, en cualquier forma o por cualquier medio electrónico o mecánico. Incluyendo fotocopiado, grabación, o cualquier sistema de archivo y recuperación de información, sin el previo permiso por escrito de las autoras.

Introducción 9
Arcángel para tu Signo Zodiacal 11
    Aries. Arcángel Chamuel 12
    Tauro. Arcángel Haniel 15
    Géminis. Arcángel Rafael 18
    Cáncer – Arcángel Gabriel 21
    Leo – Arcángel Miguel 23
    Virgo – Arcángel Rafael 25
    Libra – Arcángel Haniel 27
    Escorpión – Arcángel Chamuel y Azrael 29
    Sagitario – Arcángel Zadkiel 31
    Capricornio – Arcángel Uriel 33
    Acuario – Arcángel Uriel 34
    Piscis – Arcángel Azrael y Zadkiel 36
Los Guías Espirituales y las Protecciones Energéticas 38
Traumas y Heridas del Pasado 39
Autosabotaje Energético 39
Patrones Negativos de Pensamientos Arraigados 40
Limpiezas Energéticas 41
Limpieza Energética de la Energía Sexual 42
    Los Pentáculos de Salomón. 44
    ¿Por qué son tan poderosos los Pentáculos de Salomón? 45
Talismanes o Sellos de Salomón 45
    Pentáculos de Saturno 45
    Pentáculos de Júpiter 49
    Pentáculos de Marte 52
    Pentáculos del Sol 56

Pentáculos de Venus 59

Pentáculos de Mercurio 62

Pentáculos de la Luna 64

Ángel protector de tu Signo Zodiacal 67

Aries. Ángel Anauel 67

Tauro. Ángel Uriel 68

Géminis. Ángel Eyael 68

Cáncer. Ángel Rochel 69

Leo. Ángel Nelkhael 69

Virgo. Ángel Melahel 70

Libra. Ángel Yerathel 70

Escorpión. Ángel Azrael 71

Sagitario. Ángel Umabel 71

Capricornio. Ángel Sitael 72

Acuario. Ángel Gabriel 72

Piscis. Ángel Daniel 73

Números Angelicales y sus Significados 74

Cómo Leer los Números Angelicales 76

Números de Ángeles Importantes en el 2025 77

Ver tu fecha de cumpleaños con frecuencia 78

El Orden de los Números dentro de una Secuencia Numérica 78

Secuencia Numérica. Repetición del 0 79

Secuencia Numérica. Repetición del 1 80

Secuencia Numérica. Repetición del 2 81

Secuencia Numérica. Repetición del 3 82

Secuencia Numérica. Repetición del 4 83

Secuencia Numérica. Repetición del 5 84

Secuencia Numérica. Repetición del 6 85

Secuencia Numérica. Repetición del 7 86

Secuencia Numérica. Repetición del 8 87

Secuencia Numérica. Repetición del 9 88

Los Rayos Angelicales 89

Rayo Azul 89

Rayo Amarillo o Dorado 90

Rayo Rosa 91

Rayo Blanco 91

Rayo Violeta 93

Beneficios de conectar con los Siete Rayos 94

Decretos de los Rayos Angelicales 95

Decretos del Primer Rayo Angelical (Azul) 96

Decretos del Segundo Rayo Angelical (amarillo) 96

Decretos del Tercer Rayo Angelical (rosado) 96

Decretos del Cuarto Rayo Angelical (blanco) 97

Decretos del quinto Rayo Angelical (verde) 97

Decretos del sexto Rayo Angelical (Rubi) 97

Significado del 2025 99

Colores Angelicales para el Año 2025 101

    Aries 102

    Tauro 103

    Géminis 104

    Cáncer 105

    Leo 106

    Virgo 107

    Libra 108

    Escorpión 109

    Sagitario 110

Capricornio 111

Acuario 112

Piscis 113

Colores de los Arcángeles 114

Predicciones Angelicales por Signos 2025 115

Predicciones para Aries 115

Predicciones para Géminis 118

Predicciones para Leo 120

Predicciones para Virgo 121

Predicciones para Libra 122

Predicciones para Escorpión 123

Predicciones para Sagitario 124

Predicciones para Capricornio 125

Predicciones para Acuario 126

Predicciones para Piscis 127

Leyes Espirituales para cada Signo en el 2025 128

Aries. 128

La Ley de Atracción 128

Tauro. 129

La Ley del Karma 129

Géminis. 130

La Ley del Desapego 130

Cáncer. 131

La Ley del Perdón 131

Leo. 132

La Ley del Servicio 132

Virgo. 133

Ley de la Vibración 133

- Libra..134
- **Ley del Equilibrio** 134
- Escorpión. 135
- **Ley de la Abundancia** 135
- Sagitario. 136
- **Ley de la Responsabilidad** 136
- Capricornio..137
- **Ley de la Sincronicidad** 137
- Acuario..138
- **Ley de la Perfección** 138
- Piscis. 139
- **Ley del Amor Incondicional** 139
- **Como Comunicarte con tu Ángel Guardián** 140
- **Acerca del Autor** 142
- **Acerca de la Autora** 142

Introducción

Los Ángeles son seres de luz, su misión es ayudarnos a evolucionar, y resguardarnos de los peligros. Todas las personas están protegidas por un Ángel, o varios Ángeles, según su fecha de nacimiento.

Tu Ángel guardián te asegura éxito en el amor, el trabajo, y otras áreas de tu vida.

Algunas veces estamos tan hundidos en una vida con tanto estrés, que nos olvidamos de que estamos acompañados por seres de luz, que están esperando que les pidamos ayuda. Cuando somos conscientes de su presencia, y decidimos disfrutar del regalo que supone tenerlos en nuestras vidas, nuestro mundo se llena de magia.

Este Horóscopo de los Ángeles 2025 tiene muchos mensajes espirituales para ti. Si te sientes perdido, o si te preguntas cuál es tu misión este año 2025, aquí puedes encontrar las respuestas.

Si compraste este libro es porque el universo está tratando de decirte qué hacer y a dónde ir.

Todo lo que necesitas es descubrir los mensajes ocultos que los Ángeles te han enviado dentro de este libro.

Los Ángeles han existido a lo largo de miles de años, en diferentes culturas y civilizaciones. Ellos tienen poderes especiales y han contribuido a la evolución humana, los cambios y el desarrollo de nuestra sociedad.

Los Ángeles de la Guarda estarán presentes en tu vida durante el 2025 para protegerte, fortalecer tus conexiones con el mundo espiritual, y para regalarte muchos milagros.

Arcángel para tu Signo Zodiacal

Cada signo zodiacal tiene un Arcángel mentor que lo supervisa.

Cuando llega el momento de reencarnar, seleccionamos el signo zodiacal más adecuado para aprender las lecciones de vida que nos aportarán más experiencias para nuestra evolución.

Los Arcángeles nos ayudan a escoger el signo del zodiaco para así poder cumplir los propósitos de nuestra alma.

Aries. Arcángel Chamuel

El Arcángel Chamuel significa "aquel que ve a Dios", se relaciona con las iniciativas y la pasión, dos cualidades super fuertes en las personas del signo Aries.

Este signo es incansable y no se detiene hasta obtener su metas.

El Arcángel Chamuel le confiere a Aries poder de decisión y entusiasmo para cumplir sus objetivos. Este Arcángel es también conocido como Samael, Chamuel o Camuel, y es el Ángel de la armonía, la confianza, el poder, y la diversidad.

Este Arcángel le entrega al signo Aries una personalidad asertiva y confiable.

Aries es un signo extrovertido, impetuoso y entusiasta a la hora de asumir desafíos. Son impacientes y se molestan con mucha facilidad, pero no son rencorosos.

Al Arcángel Chamuel le pertenece el Rayo Dorado, el planeta Marte, y el día martes.

El mensaje del Arcángel Chamuel para Aries es:

Solamente la energía del amor dentro de un propósito le da valor y beneficio duradero.

El cuarzo rosado se relaciona con las energías sanadoras del Arcángel Chamuel, y lo puede utilizar para sanarte emocionalmente invocando su nombre, o su presencia, porque él se especializa en la curación emocional.

El Arcángel Chamuel supervisa a todos los Ángeles del Amor. Ellos le dan a Aries, cuando lo pide, compasión y amor. Chamuel te puede ayudar con tus relaciones, específicamente si tienes conflictos, complicaciones emocionales, o rupturas.

El Arcángel Chamuel te puede ayudar a encontrar tu alma o llama gemela, y en todas las circunstancias que demandan una comunicación espontánea.

Chamuel puede ayudarte a construir estructuras sólidas y saludables, mejora tus habilidades para amar, para que tengas la capacidad de dar y recibir amor completamente sin condiciones.

Chamuel disuelve los sentimientos de autoestima baja, te ayuda a encontrar tu propósito y misión de tu alma.

El Arcángel Chamuel representa la fortaleza para enfrentar y superar desafíos en nuestras vidas. Si no sabes lo que quieres, Chamuel te trasladará entornos que te traerán la paz, ayudándote a alejar las tensiones y el estrés.

El Arcángel Chamuel es el protector de las personas débiles y de los humillados.

Como el Arcángel Chamuel ve en todas las direcciones del tiempo, es decir tridimensionalmente, puede ayudarte a encontrar cosas que se te han perdido.

Invoca al Arcángel Chamuel si te sientes triste, él te ayudará a sanar, aliviará tu dolor y tu incapacidad de perdonar

Para invocar, o evocar, ayuda para sanar emocionalmente con el Arcángel Chamuel debes encender velas rosadas, o poner rosas de color rosado y pedir sanación.

Todos los Arcángeles tienen un lugar exclusivo en el plano etérico de la Tierra y tú puedes visitar sus santuarios a través de la meditación o en tus sueños.

El templo etérico del Arcángel Chamuel es en St. Louis, Missouri, Estados Unidos.

Tauro. Arcángel Haniel

El Arcángel Haniel rige el signo de Tauro, se refiere a las características de entereza, confianza y pragmatismo.

El nombre del Arcángel Haniel significa 'gracia de Dios' y es el Ángel de la intelectualidad.

Haniel se relaciona con el planeta Venus, y el día viernes.

Tauro es un signo que ama la comodidad material, disfruta el lujo, y los bienes con calidad. Son prósperos en muchas áreas, pero sobre todo en las finanzas.

Tauro es un signo muy controlador que debe aprender a tener paciencia. Poseen una inclinación natural hacia la estabilidad, pero deben ser cuidadosos de no caer en la trampa del materialismo.

El Arcángel Haniel es también conocido como Anael, Anafiel, y Daniel. Sus colores son el naranja y blanco.

Este Arcángel se relaciona con el Rayo blanco y el naranja.

Haniel tiene una energía que nos motiva a buscar la sabiduría espiritual, al ser también el Ángel de la Comunicación Celestial trabaja con energías grupales y oradores.

Es un Arcángel relacionado con la Luna, por eso se conecta con nosotros mediante visualizaciones y sueños recurrentes.

El Arcángel Haniel ayuda a transmutar las vibraciones y energías oscuras, y ofrece protección. Está con nosotros en los nuevos comienzos cuando suceden etapas de transiciones en nuestras vidas.

Este Arcángel aporta inspiración a nuestras vidas, enseña lecciones y supervisa la curación espiritual, y los diferentes tipos de religiones.

El Arcángel Haniel recupera los secretos perdidos, armoniza las relaciones, y aporta belleza en todo. Haniel sana la envidia, la ira y los celos.

El Arcángel Haniel te proporciona información sobre tu profesión, y las relaciones. Te asiste en tu viaje espiritual y te impulsa buscar el propósito de tu vida. Te impulsa a mirar dentro de ti y encontrar tu verdad personal porque de esta forma puedes defenderte.

El Arcángel Haniel te ayuda a vivir en el presente, ver la realidad y reconocer tus talentos, y capacidades.

El Arcángel Haniel te recuerda que es tu responsabilidad estar saludable mental y físicamente. Este Arcángel se relaciona con la sanación a través de los cuarzos y aceites esenciales, por eso supervisa a los médicos homeópatas. Este poderoso Arcángel posee el poder de transformar la tristeza en felicidad.

Este Arcángel trabaja con los desequilibrios de los campos energéticos y aporta sanación a nivel emocional, espiritual y físico.

Este es un Arcángel guerrero que nos ayuda a cumplir el propósito de nuestra alma, nos guía a través de revelaciones, y visiones.

Cuando te sientas confundido, o con depresión, invoca al Arcángel Haniel para que te regale el don de la perseverancia.

Géminis. Arcángel Rafael

Géminis está protegido por el Arcángel Rafael, por eso este signo zodiacal es tan adaptable y sociable.

Rafael es uno de los principales Ángeles de sanación y guía a los sanadores.

El Arcángel Rafael rige el planeta Mercurio y el día miércoles.

Las personas del signo Géminis son muy inteligentes, su herramienta más valiosa es su mente. Géminis es muy versátil y esta actitud drena sus energías llevándolo en ocasiones al agotamiento nervioso y la ansiedad.

Las personas del signo Géminis tienen una sed insaciable de aprendizaje y sus mentes son muy curiosas.

El Arcángel Rafael está relacionado al Rayo verde. Los poderes curativos de Rafael están enfocados a la disolución de los bloqueos transmutándolos en amor.

El Arcángel Rafael es conocido por ser el jefe de los Ángeles Guardianes y es el patrón de la medicina, por eso también se le llama Arcángel del Conocimiento.

Rafael es también el santo patrón de los viajeros y asiste en la curación espiritual y física no solo de los humanos, sino también de los animales.

Este Arcángel Rafael puede ayudarte a desarrollar tu intuición y mejorar tu visualización creativa. Te pone en contacto con tu espiritualidad personal y te permite encontrar sanación en la naturaleza.

La esmeralda es el cuarzo sanador relacionado con el Arcángel Rafael

El Arcángel Rafael trabaja en tu subconsciente para que puedas liberarte del miedo y la oscuridad. El equipo de los Ángeles de la Sanación lo dirige el Arcángel Rafael, estas energías del Arcángel Rafael y de su Ángeles de sanación pueden ser invocadas en hospitales y en circunstancias donde hay un enfermo que no se sabe que enfermedad padece.

El Arcángel Rafael enfoca sus energías curativas hacia la disolución de los bloqueos en los chacras que causan enfermedad y ayuda a eliminar las adicciones.

Rafael sana las heridas de las vidas pasadas, borrando todo los karmas familiares heredados.

Puedes llamar al Arcángel Rafael cada vez que tú, u otra persona, tenga una enfermedad física, él intervendrá directamente y te guiará para efectuar la sanación.

El Arcángel Rafael te recuerda que es a través del perdón que ocurre la sanación, y está estrechamente conectado con los sanadores de la luz.

Rafael garantiza que todo lo necesario aparezca para facilitar una sanación exitosa.

Llama al Arcángel Rafael para que te proteja y guíe, él te ayudará a limpiar tus energías y a enfocarte.

Para invocar el poder de sanación del Arcángel Rafael, enciende velas verdes o amarillas y recibirás resultados instantáneos.

El Arcángel Rafael no es restringido por las limitaciones del tiempo y el espacio, siendo capaz de estar simultáneamente con todos los que invocan su presencia. El viene a tu lado en el instante en que pidas ayuda.

Cáncer – Arcángel Gabriel

El Arcángel Gabriel protege al signo de Cáncer. Rige el día lunes.

Cáncer es un signo muy empático y sensible. Ellos lucen apacible, pero son activos. La familia es lo más importante para Cáncer.

El Arcángel Gabriel lo conocen por ser el Ángel de la Resurrección, es el Ángel de la armonía, y la alegría. El anunció el nacimiento de Jesucristo y se comunicó con Juana de Arco.

El Arcángel Gabriel te enseña a buscar ayuda angelical a través de la meditación y los sueños, y se encarga de la humanidad en su conjunto.

Gabriel es el Arcángel de la mente, puedes llamarlo cuando tengas desafíos mentales, para que te ayude a tomar decisiones.

El Arcángel Gabriel es el protector de las emociones, y la creatividad.

Cuando luchamos contra el abuso, adicciones, familias disfuncionales, y para tener amor, es a el Arcángel Gabriel al que debemos invocar.

El Arcángel Gabriel te ofrece espiritualidad, y eleva tu espíritu. Él te alerta para que estés consciente de las energías que te rodean.

Gabriel conoce tu propósito y la misión de tu alma, su misión es ayudarte a entender cuáles son las obligaciones de tu contrato en esta encarnación.

El Arcángel Gabriel aumenta la creatividad, el optimismo, trasmuta los miedos y te da motivación.

Gabriel limpia y eleva tus vibraciones, te guía en tu vida, y te ayuda a vivir fielmente honrando tus talentos y habilidades.

Gabriel te recuerda que cada cual contribuye al desarrollo de la humanidad, siendo quién es. Él quiere que estés firme en tus convicciones.

Este Arcángel te ayudará a conocer la verdad en situaciones de conflicto, te dará más intuición y perspicacia.

El Arcángel Gabriel es un Ángel de conocimientos, tiene conexión con líderes espirituales, y nos instruye sobre cuáles son nuestros talentos y te muestra los símbolos de la misión de tu alma para que seas capaz de atraer conexiones y oportunidades perfectas.

Invoca al Arcángel Gabriel para que limpie y purifique tu cuerpo y tu mente de pensamientos negativos.

Recurre a él para que obtengas ayuda con todas las formas de comunicación, incluyendo la habilidad de hablar y, hacer nuevos amistades.

Leo – Arcángel Miguel

Miguel Arcángel es el jefe de los ejércitos celestiales y protege al signo de Leo. Su nombre significa el que es como Dios y es símbolo de la justicia. Se considera el más grandioso de todos los Arcángeles.

El Arcángel Miguel trabaja con el Rayo Azul y rige el día domingo. Miguel ayuda con la comunicación y es conocido como el Príncipe de los Arcángeles.

Leo es un signo que tiene excelentes habilidades organizativas, y siempre están dispuesto a luchar para triunfar. Son competitivos y leales con sus seres queridos.

El Arcángel Miguel te ayuda a ser consciente de tus pensamientos y sentimientos, y te anima a actuar.

Miguel te ofrece protección, confianza en ti mismo, fuerza y amor incondicional.

El Arcángel Miguel tiene el encargo de liberarnos del miedo, la negatividad, los dramas, y la intimidación. Este Arcángel se encarga de desmantelar todos las estructuras disfuncionales, tales como los sistemas de gobierno y organizaciones financieras corruptas.

Miguel es el protector de toda la humanidad, lo puedes llamar para que te fortalezca, para cambiar de dirección, y encontrar tu propósito. Llama a Michael si sientes falta de motivación.

Este Arcángel trabaja por la cooperación y armonía con los demás, y se especializa en remover los implantes energéticos, y cortando los lazos que nos paralizan.

Miguel nos ayuda a defender nuestras verdades sin comprometer nuestros principios, trae paz y cuando estamos listos para desechar los viejos conceptos y creencias, el Arcángel Miguel nos apoya cortando los lazos que nos atan negativamente y nos impiden desarrollar nuestro potencial.

El Arcángel Miguel guía a los que se sienten atascados en su profesión, y ayuda a descubrir la luz que hay dentro de nosotros, dándonos coraje cuando nos enfrentamos a situaciones difíciles.

Pídele al Arcángel Miguel que corte los cordones energéticos que te unen a situaciones, personas toxicas, patrones de conductas y emociones nocivas.

Las personas que se conectan con el Arcángel Miguel son poderosas, fuertes, y empáticos.

Invoca al Arcángel Miguel para que proteja tu hogar y tu familia, él siempre viene cuando necesitamos fuerza para vencer un conflicto desafiante.

Puedes visitar sus templos durante la meditación, o el sueño, en el reino etérico sobre las Rocosas Canadienses.

Virgo – Arcángel Rafael

El Arcángel Rafael protege el signo de Virgo, y rige el día miércoles. Es uno de los principales Ángeles de la sanación, y le ofrece sus atributos de eficiencia y mentalidad analítica al sexto signo zodiacal.

Virgo siempre está atento a los detalles, porque le gusta examinar todas las opciones antes de tomar una decisión. Algunas veces son tímidos y no les gusta llamar la atención.

El Arcángel Rafael rige el Rayo #4, el rayo verde, y es conocido como el jefe de los Ángeles Guardianes.

Ayuda a desarrollar la intuición y nos ayuda a abrir nuestros corazones a los poderes curativos del Universo.

Rafael te pone en contacto con tu espiritualidad y te permite encontrar sanación en las Energías universales.

Es conocido como el médico del reino angelical ya que tiene la capacidad de dirigir sus poderes curativos hacia la disolución de bloqueos negativos, y enfermedades.

Rafael puede ser llamado para sanarnos a nosotros mismos, y para sanar a los demás. Rafael ayuda a sanar las relaciones sentimentales y eliminar las adicciones.

Apoya a los trabajadores de la luz y nos guía para que hagamos cambios positivos en la vida.

Para invocarlo enciende velas verdes.

Puedes visitar sus templos durante la meditación o el sueño en el plano etérico que está sobre Fátima, Portugal.

Libra – Arcángel Haniel

Libra es un signo protegido por el Arcángel Haniel, rige el planeta Venus, y el día viernes.

Libra es un signo imparcial que siempre busca el equilibrio entre el alma, la mente y el espíritu.

Son diplomáticos, estables y equilibrados. La diplomacia es su característica más sobresaliente ya que pueden ver ambos lados de un conflicto, pero se paralizan un poco al ahora de tomar decisiones.

El significado del Arcángel Haniel es gloria de Dios, y se conecta con nosotros a través de los sueños. Nos ofrece protección, y armonía.

Haniel nos ayuda en los cambios positivos, los nuevos comienzos, y fomenta el equilibrio en las transiciones.

Haniel rige la paz, aporta inspiración y ayuda a sanar la envidia, y los celos.

El Arcángel Haniel nos motiva a vivir en el momento presente y a ver la realidad dentro de nosotros mismos. Nos anima a cuidarnos y nos recuerda que somos responsables de estar sanos mental y espiritualmente.

Tiene el poder de transformar la tristeza en felicidad y nos anima a respetar nuestros propios ritmos naturales.

Invoca al Arcángel Haniel para encontrar el equilibrio, hacer realidad tus intenciones y liberarte de energías y negativas.

Él te ayudar a mantener la calma durante eventos importantes, reforzando tu confianza. Haniel potencia los dones espirituales y las habilidades psíquicas y nos recuerda que somos seres divinos.

Es un Ángel guerrero, recurre a él cuando necesites apoyo espiritual o cuando te sientas débil emocionalmente, él te dará determinación, y la energía para que confíes en tu intuición.

Escorpión – Arcángel Chamuel y Azrael

Escorpión, está protegido por los Arcángeles Azrael y Chamuel. Azrael es un Ángel que rige el planeta Plutón y Chamuel rige el planeta Marte y el día martes.

A los que están bajo la influencia de Escorpión se les dan personalidades poderosas e intensas.

Escorpión tiene una personalidad paranoica y obsesionada con lo que sucede en sus vidas. Se aferran firmemente a lo que es suyo y se niegan a ceder sin luchar.

El nombre del Arcángel Azrael significa a quien Dios ayuda, rige el Rayo #2 que contiene vibraciones de amor y sabiduría.

Azrael es frecuentemente llamado como el Ángel de la Muerte y ese nombre nos recuerda que la muerte es transformación.

El propósito del Arcángel Azrael es ayudar a los que están en transición de la vida física a la vida espiritual. El posee mucha compasión y sabiduría y tiene energías curativas universales, para los que están afligidos por la pérdida de un ser querido.

El Arcángel Azrael consuela a las personas antes de su muerte física y se asegura de que no sufran durante su muerte, rodea a los familiares y amigos afligidos con energías sanadoras.

Invoca al Arcángel Azrael para que consuele a un ser querido y transmita mensajes de amor a el reino espiritual.

Azrael puede ayudarte a pasar por las etapas del dolor con aceptación.

Azrael ayuda a crear espacio en nuestras vidas para que nuevas energías lleguen.

Sagitario – Arcángel Zadkiel

Sagitario está protegido por el Arcángel Zadkiel, quien trabaja con el Rayo Violeta, rige el planeta Júpiter, y el día jueves.

Sagitario es optimista y por naturaleza intuitivo, pero algunas veces cruzan los límites de la realidad.

El nombre de Zadkiel significa la justicia de Dios, pero también está relacionado con la oscuridad, y la inercia.

Nos ayuda a descubrir los aspectos divinos dentro de nosotros, y a desarrollar habilidades que nos sirven en los propósitos de nuestra vida. Zadkiel es el Arcángel de la libertad, y el perdón, ayuda al despertar espiritual, otorga bendiciones y te regala discernimiento.

Utiliza la Llama Violeta para invocar al Arcángel Zadkiel, te ayudará a meditar, y desarrollar tu intuición.

Zadkiel puede ser invocado para traer el perdón a los demás. El dirige a los Ángeles de la Misericordia y te puede ayudar ser tolerante y diplomático.

Las energías sanadoras del Arcángel Zadkiel, y sus Ángeles de la alegría, siempre te ayudarán a transformar los recuerdos del pasado, romper las limitaciones, borrar bloqueos energéticos, y deshacerte de adicciones.

Zadkiel te anima a amar, y perdonar sin miedo, y te recuerda que debes amarte a ti mismo, y a los demás, incondicionalmente.

El Arcángel Zadkiel es la fuente energética detrás de la pobreza y la riqueza, y de todas sus manifestaciones, por lo que se asocia con la suerte y el azar.

Zadkiel te recuerda que la buena y la mala suerte son ganadas por cada persona individuo, y él valora la fortuna en consecuencia.

El Arcángel Zadkiel es responsable de los comienzos y finales de las cosas, puede ser llamado para poner fin a una situación dolorosa. El Arcángel Zadkiel nos ayuda a encontrar el valor interior para hacer lo correcto por nosotros mismos, y por los demás.

Para conectarte con el Arcángel Zadkiel usa Velas de color violeta, o cuarzos amatista. El Arcángel Zadkiel está asociado con el Maestro Ascendido Saint Germain, y protege a los místicos,

El Arcángel Zadkiel y la Santa Amatista tienen su retiro etérico, llamado el Templo de la Purificación sobre las isla de Cuba.

Zadkiel cura las heridas emocionales y los recuerdos dolorosos, aumenta tu autoestima y te ayuda a desarrollar tus talentos y destrezas naturales.

Si deseas más tolerancia en situaciones conflictivas, recurre al Arcángel Zadkiel, el transmutará todo lo oscuro y elevará tu vibración.

Capricornio – Arcángel Uriel

Capricornio está protegido por el Arcángel Uriel. Este Arcángel significa Fuego de Dios, rige el Rayo Rojo, y está asociado con la luz, los relámpagos y los truenos.

Uriel es capaz de mostrarnos cómo podemos sanar nuestras vidas, nos ayuda a entender el concepto del karma, y a entender por qué las cosas son como son.

Uriel se relaciona con la magia divina, la resolución de problemas, la comprensión espiritual, y nos ayuda a realizar nuestro potencial.

Uriel debes invocarlo cuando estés trabajando con temas relacionados a la economía y la política. También puedes invocarlo para obtener una mayor intuición.

Uriel te ayuda a liberar tus miedos y abre los canales para la comunicación divina, promueve la paz, ayuda a liberar nuestros patrones de comportamiento obsesivos y trae soluciones prácticas.

Uriel puede ser llamado para trabajos intelectuales, y para reconocer la luz dentro de nosotros.

El Arcángel Uriel tienen su retiro etérico en las Montañas de los Tatras en Polonia, y puedes pedir ser llevado allí para que tus temores sean sanados.

Acuario – Arcángel Uriel

Acuario está protegido por el Arcángel Uriel, aportándole a este signo carácter humanitario.

Uriel trabaja con el Rayo Rubí, y rige el planeta Urano.

Acuario es independiente, y progresista. El Arcángel Uriel ayuda con la resolución de problemas y la búsqueda de soluciones, y es uno de los Arcángeles más poderosos.

Uriel ayuda a liberar bloqueos de energía en el cuerpo, y como es conocido como el Ángel de la Salvación, es capaz de mostrarnos cómo podemos sanar nuestras vidas, encontrando bendiciones en la adversidad, convirtiendo las derrotas en victorias y liberando cargas dolorosas.

Uriel es el Ángel de la transformación, la creatividad, y el orden divino, rige a los misioneros, y es el guardián de los escritores. Es el intérprete de las profecías, y de nuestros sueños.

Él nos impulsa a tomar responsabilidad por nuestras vidas, y trae energías transformadoras a nuestra mente.

El Arcángel Uriel es invocado para obtener claridad e intuición. Él trabaja para desarrollar en nosotros las cualidades de misericordia y compasión. Ofrece protección, enseña el servicio desinteresado y promueve la cooperación.

El Arcángel Uriel despeja viejos miedos y los reemplaza con sabiduría, propicia la iluminación vital para aquellos que sienten que han perdido su camino y que tienen emociones relacionadas al abandono, y el suicidio.

El Arcángel Uriel trabaja para erradicar el miedo y restaurar las esperanzas, y siempre trata de proteger el bienestar de las personas que son incapaces de ejercer su libre albedrio.

Llama al Arcángel Uriel para que te ayude a desarrollar todo tu potencial, y te proteja de la envidia.

Puedes pedir visitar sus templos durante tus sesiones de meditación o en sueños.

El Arcángel Uriel tiene su retiro etérico en las Montañas de los Tatras en Polonia.

Piscis – Arcángel Azrael y Zadkiel

El signo Piscis es protegido y supervisado por el Arcángel Azrael y el Arcángel Zadkiel.

El Arcángel Azrael rige el planeta Neptuno y el Arcángel Zadkiel rige el planeta Júpiter y el día jueves. Zadkiel trabaja con el Rayo Violeta.

Piscis tiende a ser idealista, y sensible, le encanta estar enamorado. Cada aspecto de la vida debe tener algo de romance.

El Arcángel Zadkiel es el guardián de la Llama Violeta, la cual tiene una frecuencia vibratoria super alta.

El Arcángel Zadkiel es conocido como el Ángel de la Comprensión y la Compasión y está relacionado con la oscuridad, la contemplación y la nutrición.

Zadkiel tiene la misión de ayudarte con el despertar espiritual, otorga bendiciones que son diseñadas a través de la fe para incrementar el entendimiento.

Utilizando la Llama Violeta, el Arcángel Zadkiel te ayuda a meditar, y aumenta tus habilidades psíquicas.

Zadkiel ayuda a abrir nuestras mentes y nos da protección psíquica.

Zadkiel alienta la tolerancia, y ayuda a las personas a amarse a sí mismas, y nos conecta con la misión de nuestra alma.

El Arcángel Zadkiel nos trae curación a nuestras heridas emocionales, nos libera y motiva a las personas a mostrar misericordia por los demás.

Trabajar con Zadkiel aumenta tu autoestima y te ayuda a recordar y desarrollar tus talentos, habilidades y destrezas naturales. Llama a Zadkiel si necesitas ayuda para recordar detalles y hechos específicos.

Acude al Arcángel Zadkiel para que te ayude a sanar y trascender tus emociones negativas, y para que mejores tus funciones mentales.

El Arcángel Zadkiel es la energía detrás de la pobreza y la riqueza, y de todas sus manifestaciones, por lo que se relaciona con el azar.

Zadkiel imparte justicia sin prejuicios, pero es misericordioso con quienes se lo merecen, él es responsable de los comienzos y finales, y puedes llamarlo cuando quieras finalizar una circunstancia caótica.

El Arcángel Zadkiel es capaz de romper las energías bloqueadas, o estancadas, causadas por la ira, y la culpa.

Zadkiel y la Santa Amatista tienen su santuario etérico, sobre la isla de Cuba.

Los Guías Espirituales y las Protecciones Energéticas

Los ángeles o guías espirituales son extensiones de nuestro intrínseco poder de protección. Esos seres nunca están apartados de ti, porque tú no estás separado de nadie, ni de nada en el universo.

Ellos, y nosotros, somos parte de la conciencia energética divina. La diferencia entre ellos y nosotros es que los guías espirituales son una forma diferente de manifestación de la fuente divina.

Tú puedes acceder a tu poder de protección innato cuando estás conectado con tu guía espiritual. Tu protector energético puede ser tu ángel de la guarda, un ángel, un arcángel, un maestro ascendido, un dios, una diosa, o un Santo especifico, según tu afinidad espiritual.

El guía espiritual te ayuda a conectarte, y mantiene la eficacia, de tus escudos energéticos diariamente. Además, es como un guardaespaldas energético cuando tus campos energéticos se debilitan o flaquean.

En cuanto puedas conéctate con tu guía espiritual porque él está contigo siempre, solo debes darle permiso y te acompañará en todo momento.

Todos somos uno en el plano espiritual, incluidos los ángeles, los espíritus elementales, los guías espirituales y los maestros ascendidos.

Cuando tú te conectas con tus guías espirituales te estás conectando con una versión más sublime de ti, pero esos guías solo pueden ayudarte si tú les das autorización para hacerlo.

Invoca a tus guías espirituales, enfocando tu mente y concédeles el permiso para que te ayuden.

Traumas y Heridas del Pasado

Las emociones negativas generadas por los cordones energéticos que tenemos con nuestros traumas no resueltos son vampiros de energía.

Todas las experiencias traumáticas que hayamos vivido, y estén sin sanar, participan en la forma en que nos apreciamos a nosotros mismos, a las otras personas, y al entorno que nos rodea.

Los traumas tienen el poder de moldear nuestras opiniones, sentimientos y creencias. Algunas veces esas heridas se enquistan reduciendo nuestra frecuencia vibracional, y consiguen captar a individuos, o situaciones, que validan y alimentan lo que opinamos o creemos.

Autosabotaje Energético

El autosabotaje energético ocurre cuando las creencias que tenemos respecto a nosotros no se corresponden con las creencias que nuestro yo superior tiene de nosotros. Como consecuencia cuando la vida nos ofrece oportunidades para evolucionar, felicidad y abundancia, nuestro ego está siempre a la defensiva, listo a sabotearnos.

El autosabotaje energético tiende a manifestarse en forma de pretextos, justificaciones y pensamientos restrictivos respecto a nosotros, y la vida en general. Cuando nos autosaboteamos inevitablemente atraemos cordones y ataques energéticos.

Cuando eso sucede, somos proclives a autoengañarnos y condenamos a otros, o culpamos a la mala suerte.

Las personas en tu vida con las cuales tú tienes que pasar horas extras aconsejándolas y ayudándolas, pero nunca siguen tus consejos, son las víctimas clásicas para los ataques y cordones energéticos. Sus adversidades, desde su punto de vista, son el resultado de malas decisiones, opiniones negativas y creencias limitantes. Pero verdaderamente eso es el resultado de una contaminación energética de las primeras etapas de su vida.

Patrones Negativos de Pensamientos Arraigados

Los patrones de pensamientos negativos arraigados son el resultado de traumas no resueltos, o de hábitos arraigados que no sabemos cómo destruir. Esos patrones engendran emociones negativas serias que reducen nuestras frecuencias energéticas de vibración, y atraen ataduras o cordones energéticos.

No hay nada más fácil que caer en la trampa de la energía negativa.

Nuestra sociedad la adula y aprueba. Siéntate solo unos minutos a ver un noticiero durante tres días consecutivos y verás como terminas convencido de que tus sueños nunca se cumplirán, que estamos al borde de una tercera guerra mundial, que tienes que tomar medicinas para todo, y que el planeta está al borde del abismo. Las series de televisión, y las películas, son el ejemplo perfecto de que habitamos en un mundo donde sobra, y predomina, la negatividad.

Cuando nuestra mente y cuerpo se adaptan a una situación molesta, o dramática, al final saboreamos el drama. Es super fácil caer en la trampa de la negatividad crónica. Todo eso ataca tu campo energético y disminuye tu frecuencia vibracional.

Limpiezas Energéticas

Debes confiar en tu intuición a la hora de elegir los métodos. Existen diferentes formas hacerlo, dependiendo del tipo de cordón, o atadura energética. Todos somos diferentes, por ende, cada cordón, o atadura energética, se manifiesta diferente en cada campo energético. No olvides utilizar tu intuición y a tu guía espiritual.

Limpieza Energética de la Energía Sexual

Uno de los cordones energéticos más fuertes se crea a partir de una relación de pareja. Ese vínculo es poderoso, porque es afectivo, e implica la activación de la energía sexual. Durante el acto sexual, nos convertimos en uno con nuestra pareja, y eso implica que heredamos su karma.

Imagínate, si una de las dos personas, o ambas en la relación, han tenido sexo con varias personas muy contagiadas con energías de otros se forma lo que llamamos nido de larvas energéticas. En ese caso se crea una carga energética potente. Si una mujer queda embarazada, y no se ha hecho una limpieza energética, o roto los cordones energéticos de otras relaciones, el niño que encarna viene del más bajo astral, o saturado, con cargas energéticas densas. Eso repercute en su calidad como ser humano.

El acto sexual tiene repercusiones en todos los cuerpos, desde el físico, emocional, mental, y hasta el espiritual. Cuando dos cuerpos se unen, ya sea por un beso, abrazo o incluso en un simple toque, se produce un trueque de energías.

La energía sexual es tan poderosa que el cordón energético se fortalece, aunque no exista la relación. Los líquidos seminales y vaginales siempre se convierten en plasmas energéticos dentro de los cuerpos energéticos, y por eso el lazo no se rompe fácilmente.

Ese tipo de cordón energético es capaz de soportar el paso del tiempo, la separación de la pareja, y la ruptura de la relación.

Desafortunadamente continuamos unidos con todas aquellas personas con quien hemos compartido nuestra cama, nuestra mesa, y nuestro cuerpo físico y energético.

Si la expareja nos odia, siempre está pensando mal sobre nosotros, o está obsesionada, recibimos a través del cordón energético pensamientos negativos, maldiciones, bloqueos, y obstáculos. Eso no solo obstaculiza la formación de una mejor relación, sino que comenzamos a atraer personas cargadas energéticamente. Es decir, cuando estamos contaminados con larvas y parásitos energéticos, tanto propias como de exparejas, atraemos relaciones con esas mismas frecuencias energéticas.

Si la relación fue solamente de intercambio sexual, la energía no sube a los chakras superiores y se estanca en el segundo chakra siendo solamente energía de intercambio sexual. Pero si existía energía de amor en la relación, la energía sube hasta el cuarto chakra, y a veces puede llegar hasta el séptimo chakra. Eso quiere decir que tu sistema energético queda contaminado totalmente.

Cuando una pareja se separa los cordones energéticos que se formaron por el amor, y la energía sexual, tienden a desaparecer gradualmente, o permanecer, creando bloqueos y eventos negativos. Esos bloqueos se alojan en nuestro campo energético, y sus síntomas trascienden al plano físico, entorpeciendo el desarrollo de nuevas relaciones, o estimulando una emoción negativa del amor, entre otros contextos.

Existen diferentes formas para anular los cordones energéticos formados por la energía sexual. Siempre es recomendable realizar una limpieza energética después de un rompimiento amoroso, o antes de comenzar una nueva relación. Esa es la única forma de eliminar todo tipo de energías residuales.

Los Pentáculos de Salomón.

Se llaman Talismanes de Salomón, porque son atribuidos al rey bíblico Salomón (1.000 a.C.). Último rey de Israel. Según la biblia Salomón, fue después de Jesucristo, el personaje más sabio que habitó la tierra.

Salomón acumuló riquezas, poder y sabiduría. El secreto de tanta fortuna estaba en sus pentáculos y talismanes.

Salomón estaba en posesión de todas las ciencias infundidas a través de los sabios preceptos, y de las enseñanzas de un ángel, al cual obedecía sin dudarlo. Este ángel, además del don de la sabiduría, también le dio todo tipo de riquezas y le concedió todo lo que pedía.

¿Por qué son tan poderosos los Pentáculos de Salomón?

Esos símbolos son posiblemente los talismanes más poderosos conocidos.

Los pentáculos, o talismanes de Salomón, pese a tener más de 3.000 años de antigüedad, no se hicieron populares hasta la Europa medieval, rescatándose los talismanes del libro "Las clavículas de Salomón"

Talismanes o Sellos de Salomón

Pentáculos de Saturno

Primer Pentáculo de Saturno

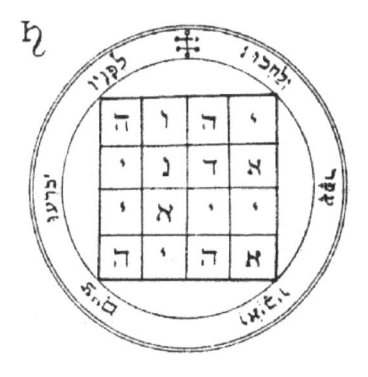

Segundo pentáculo de Saturno

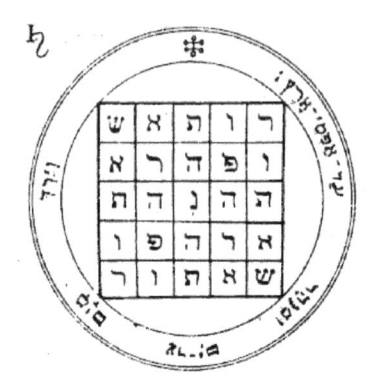

Tercer Pentáculo de Saturno

Cuarto Pentáculo de Saturno

Quinto pentáculo de Saturno

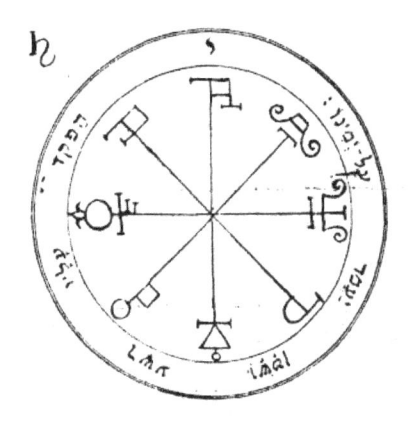

Sexto Pentáculo de Saturno

Séptimo Pentáculo de Saturno

Pentáculos de Júpiter

Primer Pentáculo de Júpiter.

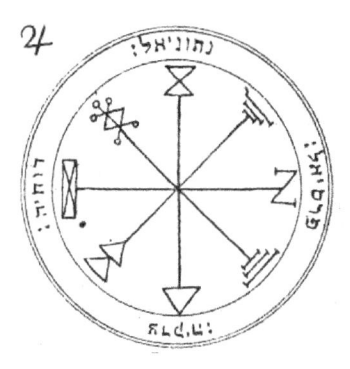

Segundo Pentáculo de Júpiter.

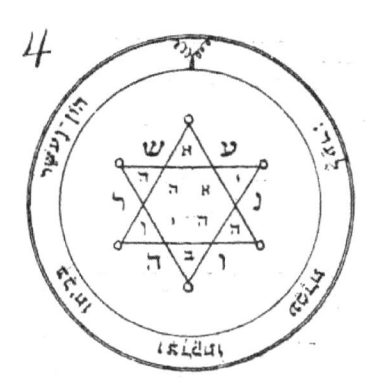

Tercer Pentáculo de Júpiter.

Cuarto Pentáculo de Júpiter.

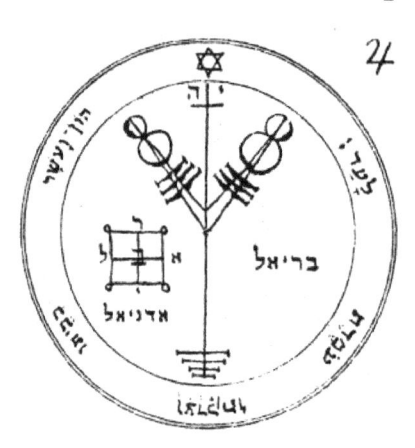

Quinto Pentáculo de Júpiter.

Sexto Pentáculo de Júpiter.

Séptimo Pentáculo de Júpiter.

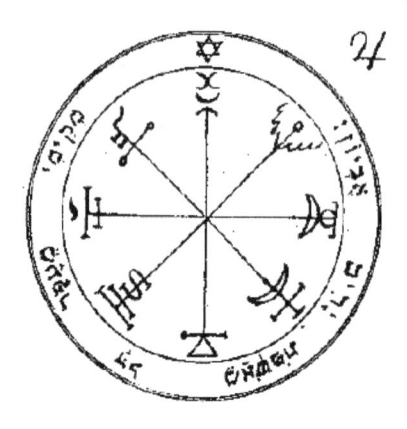

Pentáculos de Marte
Primer Pentáculo de Marte

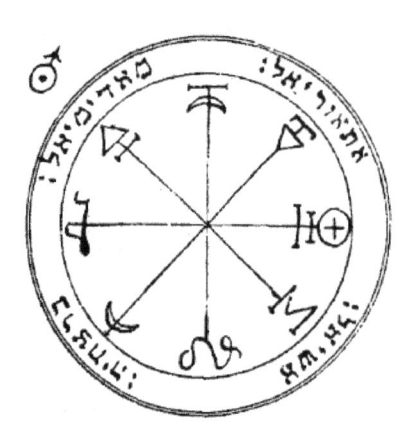

Segundo Pentáculo de Marte.

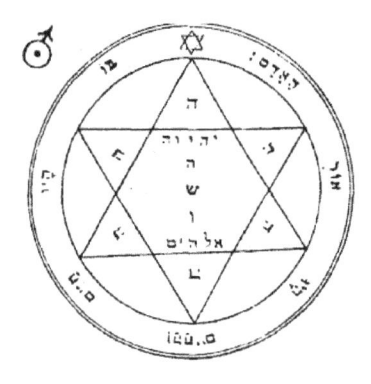

Tercer Pentáculo de Marte.

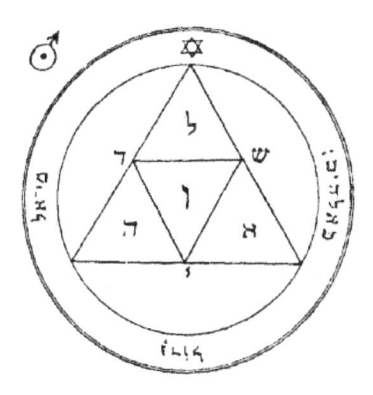

Cuarto Pentáculo de Marte.

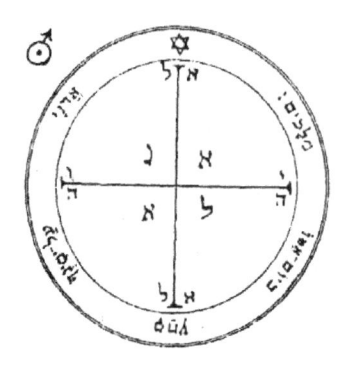

Quinto Pentáculo de Marte.

Sexto Pentáculo de Marte.

Séptimo Pentáculo de Marte.

Pentáculos del Sol
Primer Pentáculo del Sol.

Segundo Pentáculo del Sol.

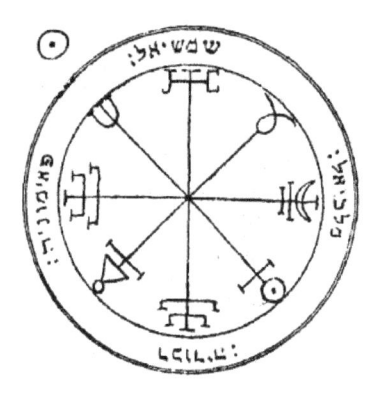

Tercer Pentáculo del Sol.

Cuarto Pentáculo del Sol.

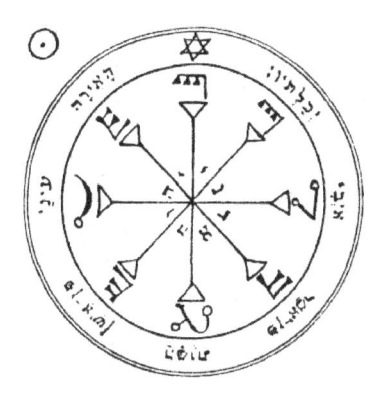

Quinto Pentáculo del Sol.

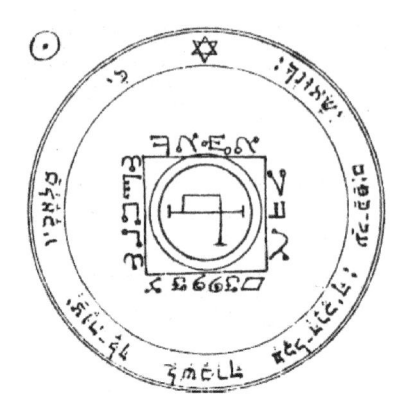

Sexto Pentáculo del Sol.

Séptimo Pentáculo del Sol.

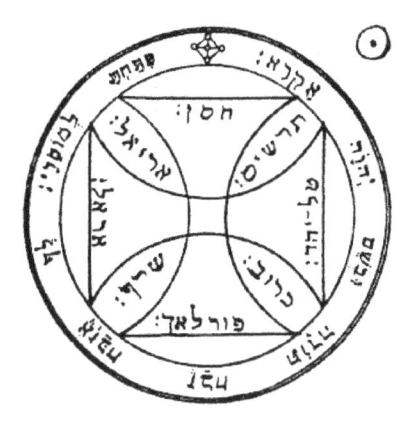

Pentáculos de Venus
Segundo Pentáculo de Venus.

Segundo Pentáculo de Venus.

Tercer Pentáculo de Venus.

Cuarto Pentáculo de Venus.

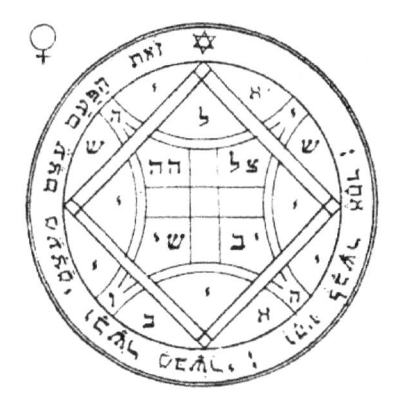

Quinto Pentáculo de Venus.

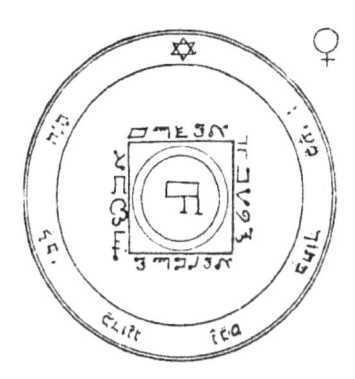

Pentáculos de Mercurio
Primer Pentáculo de Mercurio.

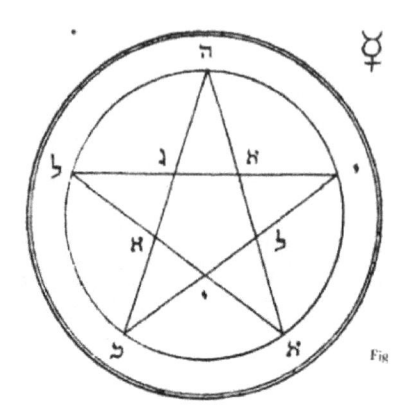

Segundo Pentáculo de Mercurio.

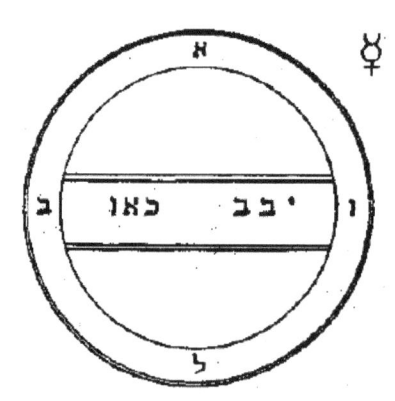

Tercer Pentáculo de Mercurio.

Cuarto Pentáculo de Mercurio.

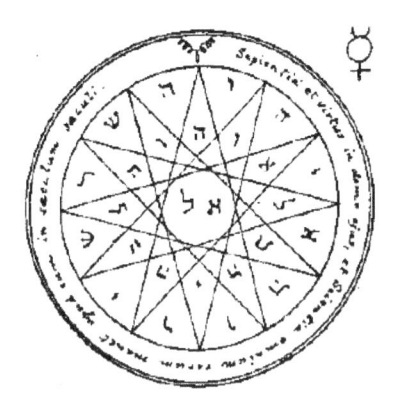

Quinto Pentáculo de Mercurio.

Pentáculos de la Luna
Primer Pentáculo de la Luna

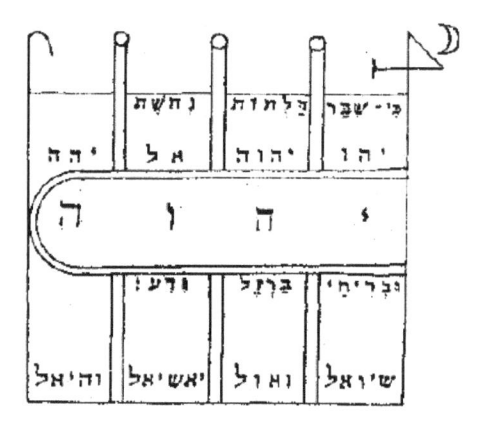

Segundo Pentáculo de la Luna

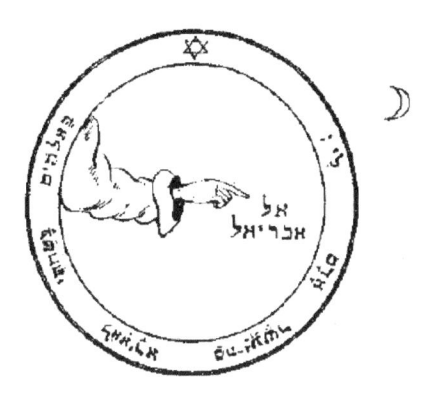

Tercer Pentáculo de la Luna

Cuarto Pentáculo de la Luna

Quinto Pentáculo de la Luna

Ángel protector de tu Signo Zodiacal

Muchas veces nos sentimos solos, sin protección física y emocional. Realmente, aunque no lo puedas ver, tu Ángel de la guarda, o guías espirituales, se encuentran siempre contigo, desde el día que naciste, protegiéndote.

Invoca el nombre de tu Ángel en los momentos donde sientas que necesitas ayuda o consejos, elige poner tu vida en su manos y ellos te llevarán por el mejor camino.

Aries. Ángel Anauel

Este Ángel le confiera al signo Aries una salud indestructible y protección contra las fuerzas oscuras del mal, entre ellas la envidia.

Aries tiene una personalidad inflexible, se desesperan y enfadan muy rápido, pero su compasión y susceptibilidad le abre todas las puertas. Este Ángel de la guarda también es conocido como Haniel, o Ariel. Es el Ángel de la creatividad y la sensualidad. Dispone del éxito en las parejas, el amor, e impide los sufrimientos del corazón.

Tauro. Ángel Uriel

Uriel siempre acudirá a tu vida cuando lo necesites, para presentarte a un examen, estudios médicos, y cuando tienes problemas de separación. Uriel siempre protegerá tu espíritu, e iluminará tu mente para que puedas tomar las decisiones correctas.

Géminis. Ángel Eyael

Eyael siempre te protegerá de las adversidades y te librará de las injusticias, en especial en el lugar donde trabajas. Este Ángel es muy especial, él sabe con quién te conviene relacionarte, es decir te hará rodearte de personas influyentes que te ayudarán a triunfar. Este Ángel te anima a mirar siempre el lado positivo de las cosas, y fomenta tus sentimientos de generosidad y los deseos de ayudar a los demás.

Cáncer. Ángel Rochel

Rochel dota al signo Cáncer de una excelente visión para detectar los peligros, también de creatividad y talentos para descubrir los secretos ocultos. El destruirá todos tus miedos y tus enemigos. Pídele que te de claridad, sagacidad y astucia.

Leo. Ángel Nelkhael

Nelkhael alejara de ti la tristeza y la baja autoestima. Te cuidará de las personas que te calumnian por envidia, y te ayudará a mantener tus compromisos y a asumir tus responsabilidades. Los problemas de tu vida cotidiana serán más fáciles de sobrellevar bajo su influencia. Nelkhael te ofrece su apoyo en tus momentos más oscuros y tristes.

Virgo. Ángel Melahel

Melahel cuando lo invocas alejará la violencia de tu vida y tu entorno. Este Ángel proporcionará una energía que hará retroceder a tus enemigos o te hará invisible.
También se relaciona con la armonía y la sanación. Te aportará las formas para conectarte con el universo y disfrutar de los secretos de la naturaleza.

Libra. Ángel Yerathel

Yerathel le ofrece al signo de Libra mucha inteligencia y perspicacia para poder detectar a sus enemigos. Este Ángel te proporciona lucidez y capacidad reflexiva, características que te permitirán rodearte de las personas adecuadas. Yerathel te da las armas de la justicia y te permite ser sabio y tolerante. Al invocar a Yerathel, alcanzarás el éxito.

Escorpión. Ángel Azrael

Azrael, conocido como el Arcángel de la muerte, te rescatará de las injusticias y al mismo tiempo renovará tus imagen y esperanzas. Te recuerda que el universo te ama, él te guiará por el camino del amor, la ternura y la armonía en el hogar. Si deseas conocer a la pareja adecuada para crear una relación duradera, y formar una familia, invoca es Ángel.

Sagitario. Ángel Umabel

Umabel repele la envidia de tus relaciones, y los sentimientos que te puedan dañar como la ira, los celos, y el odio. Te da la elocuencia necesaria para una expresión tranquila y distinta. Él te da el arte de la persuasión. Conoce cómo inclinar la balanza a tu favor, mejora tus habilidades de comunicación para que sepas cómo explicar las cosas importantes. Te ayuda a tomar las decisiones correctas, en el momento adecuado.

Capricornio. Ángel Sitael

Sitael, construye escudos a tu alrededor, organiza tu vida, y si no sabes qué camino tomar piensa en él y al momento te enfocarás. Si deseas mejorar tu situación económica, curarte de una enfermedad, o mudarte, invoca este Ángel y espera el milagro.

Acuario. Ángel Gabriel

Gabriel, luchará día a día, para que tu puedas librar tus batallas. Si quieres ayuda porque hay personas que quieren hacerte daño, o ponerte en peligro, pídele protección a este Ángel. Si tienes miedo de que alguien cometa una injusticia contra ti, al invocar este Ángel con seguridad neutralizarás a ti enemigo.

Piscis. Ángel Daniel

Daniel siempre te mantendrá a salvo de las enfermedades y los dolores físicos, siempre saldrás airoso de todos los contratiempos y accidentes que se presente en tu camino.

Números Angelicales y sus Significados

Estamos evolucionando espiritualmente, y cada día las secuencias numéricas están vistas por más personas. Estos mensajes que provienen de una fuente Superior, es decir de nuestros Ángeles o guías espirituales, tienen el propósito de guiarte.

Los Ángeles quieren llamar nuestra atención y comunicarse con nosotros a través de estos números en secuencia. Esta es la forma en que ellos nos ayudan a sanar nuestras vidas.

Desafortunadamente algunos ignoran estas señales pensando que son coincidencias, cuando en realidad es sincronía.

Tus Ángeles te envían mensajes a través de secuencias de números, ellos pueden muy sutilmente susurrar en tu oído para que mires a un lugar específico y puedas notar la hora en el reloj, o el número en un anuncio.

Ellos te muestran secuencias numéricas significativas de forma física, colocando un auto frente a ti cuando estas parado en el medio del tráfico y que tiene una matrícula específica.

Cuando notes que una secuencia numérica se repite, pregúntales a los Ángeles qué están tratando de decirte, y encontrarás que ellos te darán la información que necesitas. Observa tus pensamientos, y asegúrate de pensar sólo en lo que quieres, no en lo que no deseas.

Los números en secuencia tiene un significado específico, estos números tienen mensajes en tres dimensiones, y nos orientan en nuestras vidas.

Cuando aprendas a interpretar estos números te sentirás más conectado con los Ángeles, y esta conexión es la llave que te abrirá la puerta a la paz, esperanza y amor.

Cada número tiene vibraciones que se relacionan directamente con sus significados, y los Ángeles llaman nuestra atención con estas secuencias de números porque ellos sienten devoción, y amor por nosotros.

Cuando notes una secuencia numérica, trata de escuchar que desea tu Ángel que hagas o sepas.

Cuanto más veas estas señales, con más frecuencia aparecerán en tu vida. Cuando entiendas los significados de estos números y aceptes que no son coincidencias, sino mensajes importantes, con un propósito, aprenderás a tener comunicación con tus Ángeles.

Estas secuencias de números pueden ser fechas de nacimiento, aniversarios, números de teléfono o chapas de los carros. Son un recordatorio sutil de que algo mágico está sucediendo en tu vida. De ti depende ir hacia adentro, escuchar tu intuición y averiguar lo que los mensajes te están diciendo y que significan para ti.

Cómo Leer los Números Angelicales

Los números nos rodean en nuestra vida diaria, y cuando reconocemos e interpretamos estas secuencias numéricas podemos sentirnos más conectados con nuestros Ángeles. Esta conexión nos permite crear una poderosa conexión con el reino angelical.

La interpretación de estas secuencias numéricas es una forma efectiva de recibir los mensajes y de tus Ángeles guardianes y guías espirituales. Debes siempre utilizar tus habilidades intuitivas.

Números de Ángeles Importantes en el 2025

111: Debes adoptar un enfoque menos apasionado de la vida y contar tus bendiciones.

222: Debes mantenerte fiel a tus creencias espirituales.

333: Aprende a expresar tus sentimientos.

444: Estás en una encrucijada y tienes que abrazar la espiritualidad.

555: Te espera una evolución personal o un cambio físico.

666: Estás atrapado en tu pasado y necesitas dejarlo ir para poder triunfar.

777: Tus Ángeles quieren aplaudirte, elogiarte y darte ánimo para que sigas como vas.

888: El universo apoya tu camino y quiere que tengas muchos éxitos.

808: Tus Ángeles quieren que explores nuevos talentos y te abras a las oportunidades.

818: Supera tus límites, eres más fuerte de lo que crees.

999: Estás a punto de comenzar un nuevo capítulo en tu vida.

1155: Utiliza tu libertad personal para convertirte en una mejor persona.

1221: Sé optimista y sigue adelante. Te esperan grandes triunfos.

Ver tu fecha de cumpleaños con frecuencia

Cuando ves los números de tu fecha de nacimiento con mucha frecuencia, indica que debes enfocarte en buscar tu propósito en la vida, y la misión de tu alma. Ver tu fecha de cumpleaños te recuerda por qué naciste y tu razón para estar en el planeta Tierra.

El Orden de los Números dentro de una Secuencia Numérica

El orden de los números en una secuencia tiene su significado. Si ves que hay tres dígitos en una secuencia, el número del medio es el foco principal, ya que representa la clave del mensaje. Cada número debes analizarlo independientemente, después debes sumar todos los dígitos hasta que se reducen a uno solo.

Ejemplo: una secuencia numérica de 172 puede interpretarse de diferentes formas. El número 7 tiene que ser interpretado primero.

Después cada número individualmente 1, 7 y luego el 2. La totalidad del número 172 debes sumarla y reducirla a un solo dígito 1 + 7 + 2 = 10 (1 + 0 = 1).

Esto hace que el número 1 tenga el mensaje más relevante en esta secuencia numérica. Recuerda siempre utilizar tu intuición para descifrar el mensaje, no importa que no entiendas el mensaje desde el punto de vista humano, tu mente subconsciente entiende.

Secuencia Numérica. Repetición del 0

El número 0 está relacionado con la meditación. El punto de partida, la totalidad, y los ciclos continuos. O es el Alfa y el Omega.

El número 0 encierra los atributos de todos los números. Alfa es el principio y Omega el fin. Todos los números con el 0 te acercan a la energía universal.

El número 0, si se repite, su mensaje se relaciona con aspectos espirituales, ya que 0 representa el comienzo de un viaje espiritual, y las incertidumbres que pueden acontecer.

Cuando el 0 se repite, te pide que escuches tu intuición, ahí es donde encontrarás todas las respuestas.

La secuencia 00 se relaciona con la meditación. El Universo está enfatizando que prestes atención.

La secuencia 000 quiere que te asegures que tus pensamientos, y deseos sean de naturaleza positiva, ya que esto es lo que atraerás a tu vida.

La secuencia 0000 indica que una situación o problema ha llegado a su fin.

Cuando se combina con otro número el potencial del número 0 se magnifica y estimula las energías y vibraciones del número con el que se está combinando.

Secuencia Numérica. Repetición del 1

El número 1 tiene las vibraciones de los nuevos comienzos, de individualidad, éxito, fuerza y creatividad.

El número 1, es el número donde comienza toda manifestación. Es la energía que inicia todas las acciones y es el número de nuevos proyectos, coraje, y el deseo de expansión en todos los niveles.

Todos los número son divisibles por 1. Todos somos uno, por ende, todos estamos conectados. Cuando el Número del Ángel 1 aparece es un mensaje para que analices tus pensamientos y te concentres en tus deseos con una mentalidad positiva.

El Número del Ángel 1 nos habla de cambios y nuevas acciones que requerirán determinación para que el objetivo pueda ser alcanzado. Significa que una puerta energética se ha abierto, y esto rápidamente manifestará tus pensamientos en la realidad.

Debes elegir tus pensamientos asegurándote que coincidan con tus deseos. No te enfoques en los miedos ya que los puedes manifestar en tu vida.

El número 11 es un número maestro, y se relaciona con la misión de nuestra alma. La esencia del mensaje de esta secuencia numérica es desarrollar tu intuición, y facultades metafísicas. El número 11 representa el principio de tu iluminación espiritual.

Si el número 11 aparece repetidamente, tus Ángeles te están pidiendo que prestes atención a tus pensamientos e ideas repetitivas.

Cuando aparece la **secuencia numérica 111**, debes monitorear tus pensamientos cuidadosamente y asegurarte de pensar sólo en lo que realmente quieres.

La secuencia de 1111 se les aparece a muchas personas y es una señal de que hay una oportunidad que se abre para ti, y tus pensamientos se están manifestando a la velocidad de la luz. El 1111 significa que el Universo acaba de tomar una foto instantánea de tus pensamientos y está manifestando tus ideas en forma material.

Secuencia Numérica. Repetición del 2

El número 2 está relacionado con las energías de la paz, diplomacia, justicia, altruismo, y armonía.

El número 2 es la vibración del equilibrio, la intuición y la emoción. Es el número de tolerancia, y se lo ves con frecuencia significa que debes tener fe, confianza y coraje mientras tus pedidos se manifiestan. La paciencia es necesaria, pero todo saldrá bien.

La esencia del número maestro 22 es el potencial de dominar todas las áreas: espiritual, física, emocional y mental. El número 22 tiene que ver con el equilibrio, y las nuevas oportunidades.

Cuando el Número del Ángel 22 repite en tu vida, te pide que tengas una postura equilibrada, y pacífica en todas las áreas de tu vida. El mensaje es mantener tu fe.

El mensaje del **Número del Ángel 222** es que todo saldrá bien a largo plazo, por eso no debes poner tus energías en cosas negativas.

La secuencia numérica 2222 indica debes seguir manteniendo tus pensamientos positivos afirmando positivamente y visualizando. Las recompensas están en camino.

Secuencia Numérica. Repetición del 3

El número 3 se relaciona a vibraciones y energías de libertad, inspiración, creatividad, crecimiento, inteligencia, y sensibilidad.

El número 3 significa que una efusión de energía está en acción y representa la abundancia en los niveles físico, emocional, mental, financiero y espiritual.

Cuando el **Número del Ángel 3** aparece con mucha frecuencia significa que los Maestros Ascendidos están cerca de ti. Ellos han respondido tus oraciones y desean ayudarte a la misión de tu alma.

El número 33 es un Número Maestro y su mensaje es que todo es posible. Si por casualidad estás considerando un cambio importante en tu vida, el Número 33 dice que, si su propósito y tus intenciones son de naturaleza positiva, tus deseos se manifestarán.

La secuencia numérica 333 te envía un mensaje de que debes tener fe en la humanidad. Los Maestros Ascendidos están trabajando en todos los niveles, y ellos te protegen. Ellos te guiarán en tu camino.

La secuencia numérica del 3333 indica que los Maestros Ascendidos y los Ángeles están cerca de ti en ese momento, ellos son conscientes de tu situación y saben cuál es la mejor forma de hacer las cosas. Ellos te ayudarán.

Secuencia Numérica. Repetición del 4

El número 4 se relaciona con energías de trabajo duro, practicidad, productividad, y lealtad.

El número 4 representa los cuatro elementos: Aire, Fuego, Agua y Tierra, y los cuatro puntos cardinales: Norte, Sur, Este y Oeste. Simboliza el principio de poner las ideas en forma y cuando aparece consistentemente indica que tus Ángeles están a tu alrededor. Los Ángeles te ofrecen apoyo y fuerza para que puedas realizar el trabajo necesario. Ellos entienden que estás trabajando para alcanzar tus metas y te ayudarán.

La secuencia numérica 44 indica que los Ángeles te están apoyándote y que tienes una conexión fuerte y con el reino angelical.

El mensaje de la secuencia del **Número Angelical 444** es que no tienes nada que temer porque todo es como debe ser, y todo está super bien. Las cosas con las que has estado trabajando tendrán éxito. La repetición del 444 indica de que estás rodeado por Ángeles que te apoyan.

La secuencia numérica angelical 4444 indica que estás rodeado de Ángeles que te están cuidando y apoyando en tu vida diaria. Ellos te animan a seguir trabajando para alcanzar tus metas. El 4444 es un mensaje de que la ayuda que necesitas está cerca.

Secuencia Numérica. Repetición del 5

El número 5 se relaciona con atributos de libertad personal, el individualismo, los cambios en la vida, y las lecciones de vida aprendidas.

Cuando el **Número del Ángel 5** aparece, indica que hay cambios en tu vida que se aproximan pero que serán para bien. Las energías se están acumulando para forzar cambios que son necesarios, estos cambios llegarán inesperadamente, pero te traerán oportunidades positivas que te empujarán en la dirección correcta.

La secuencia numérica del 55 es un mensaje de tus Ángeles de que es el momento de liberarte de las restricciones que te han detenido en el pasado. Es hora de vivir. El Número 55 te anuncia que se avecinan grandes cambios, si no es que ya están a tu alrededor.

La secuencia numérica 555 indica que te esperan cambios monumentales en tu vida. El Número 555 te dice que esas transformaciones significativas están aquí y que tienes la oportunidad de descubrir la asombrosa vida que mereces como ser espiritual.

La secuencia numérica del 5555 es un mensaje que tu vida está a punto de pasar por cambios importantes,

Secuencia Numérica. Repetición del 6

El número 6 simboliza integridad, paz, altruismo, y crecimiento.

Cuando el Número del Ángel 6 aparece repetidamente nos habla de nuestra habilidad de usar el intelecto para lograr resultados positivos. Cuando el número 6 aparece tus Ángeles te están diciendo que equilibres tus pensamientos, que te liberes de dudas o preocupaciones sobre asuntos financieros.

El Número del Ángel 66 es un mensaje para que confíes en el Universo y en tus Ángeles, ya que tus deseos con respecto a tu familia, y vida social se cumplirán. La repetición del número 66 te dice que mantengas tus pensamientos enfocados en alcanzar tus metas.

La secuencia numérica del 666 indica que es hora de concentrarte en tu espiritualidad para poder sanar cualquier problema en tu vida. él. El número 666 te pide que seas receptivo para recibir y aceptar la ayuda que necesitas. El número del Ángel 666 también puede indicar que tus pensamientos están fuera de balance.

La secuencia de numérica 6666 una indica que tus pensamientos están fuera de balance, y que estás enfocado en los aspectos materiales de la vida. Las energías de la prosperidad están siendo desviadas y tu ansiedad es una barrera.

El Número del Ángel 6666 te pide que equilibres tus pensamientos entre lo espiritual y lo material, que mantengas la fe y que confíes porque tus necesidades materiales y emocionales serán satisfechas.

Secuencia Numérica. Repetición del 7

El número 7 se relaciona con energías de la espiritualidad, sabiduría, y la sabiduría interior.

El número 7 es un número místico que simboliza la profunda necesidad interna de la humanidad de conexión espiritual.

El Número del Ángel 7 indica que estás en el camino correcto y que encontrarás que las cosas fluirán libremente hacia ti. Tu trabajo es mantener tu entusiasmo.

La repetición del 7 habla de un tiempo beneficioso tener éxito y autocontrol, e indica que tus ambiciones pueden ser realizadas y los desafíos superados.

La secuencia numérica del 77 significa que estás en el camino correcto. y las recompensas están llegando a tu camino. Debes mantenerte firme.

El Número del Ángel 777 te notifica que es hora de cosechar las recompensas de tu trabajo y esfuerzos. Tus deseos se harán realidad. El Número de Ángel 777 es una señal positiva.

La secuencia del 7777 es un mensaje de tus Ángeles que estás en el camino correcto y tus sueños y deseos se están manifestando en tú vida. Es un signo extremadamente positivo y significa que hay más milagros en el camino para ti

Secuencia Numérica. Repetición del 8

El número 8 se relaciona con energías de riqueza, dinero, poder, negocios, inversión, independencia, paz y amor por la humanidad.

El Número del Ángel 8 indica que la abundancia financiera está en camino a tu vida. Siendo el número del karma, el 8 sugiere que recibirás recompensas.

La repetición del número 88 es un mensaje para que mantengas tus finanzas controladas, y sugiere que tu trabajo será justamente recompensado.

La secuencia numérica del 888 indica que el propósito de tu vida está apoyado por el Universo. El Universo es generoso y desea recompensarte, por eso la prosperidad financiera llegará tu vida. También puede indicar que estás terminando una fase en tu vida.

La secuencia numérica 8888 indica que hay luz al final del túnel y es un mensaje para que disfrutes de los frutos de tu trabajo.

Secuencia Numérica. Repetición del 9

El número 9 se relaciona con las vibraciones de la inteligencia, compasión, y la intuición.

Cuando el Número Angelical 9 aparece, es un mensaje de que el propósito de tu vida y la misión de tu alma es dar servicio a través de tus talentos, y pasiones. indica que se termina una fase o relación en tu vida. **La secuencia numérica del 99** es un mensaje para que te acuerdes de vivir una vida positiva y exitosa en todos los niveles.

El número 999 indica que el mundo necesita que utilices tus talentos, eres un trabajadores de la Luz y los Ángeles te piden que vivas a la altura de tu potencial.

La secuencia numérica 9999 es un mensaje para las personas que son embajadores de la luz en el planeta tierra para que mantengan su luz brillante.

Los Rayos Angelicales

Los rayos angelicales son irradiaciones de la fuente universal y simbolizan sus virtudes. Cada Rayo posee un matiz especifico.

Los Rayos angelicales son instrumentos muy valiosos que también están dentro de nosotros. Al invocarlos, los ángeles y nos ayudan potencializándolos.

Rayo Azul

Está conectado con el Arcángel Miguel. Es el único arcángel autorizado a enfrentarse directamente contra las fuerzas del mal. Este rayo crea una coraza protectora, defendiéndonos contra el mal. Miguel con su espada corta cualquier atadura, magia negra, o brujería.

El rayo Angelical azul te da la fuerza, la confianza, la iniciativa y determinación para alcanzar tus metas y sueños. Es el rayo que te empuja a actuar, a emprender y a vencer. Este rayo angelical te hace ser un guerrero, un creador y un triunfador. Es el rayo más potente activo de todos los rayos. Es e que inicia todo lo que existe, desde la creación del universo hasta la manifestación de la realidad

Este rayo angelical representa la voluntad y el propósito divino. Es el rayo que te conecta con tu esencia, la misión de tu alma y tu destino.

Este Rayo simboliza la voluntad de Dios. El poder, la Fe, el bien, la felicidad, el equilibrio y la paz.

Día de la semana: domingo

Rayo Amarillo o Dorado

Este Rayo angelical está conectado al Arcángel Jofiel, y nos proporciona sabiduría, aprendizaje, apertura mental, conocimientos, inteligencia divina e iluminación.

Este rayo angelical dorado te da el amor, la compasión, la intuición y sabiduría para entender la verdad y la belleza de todo existente. Es el rayo que inspira a aprender, a enseñar, a compartir y crecer. Este rayo te hace ser un maestro, y un sanador iluminado. Es el rayo más receptivo de todos los rayos porque que impregna todo lo que existe, desde la luz del sol hasta la luz de nuestra alma. Simboliza la mente divina, inteligencia divina y la sabiduría. Es el rayo que conecta el corazón, alma y espíritu.

Este Rayo angelical nos ayuda cuando necesitamos estudiar para asimilar más rápido la información. Nos ayuda a liberarnos de adicciones, a disolver el orgullo y la estrechez mental. Simboliza la inteligencia, la sabiduría, la iluminación, y la paz.

Día de la semana: lunes

Rayo Rosa

Este Rayo Angelical está conectado con el Arcángel Chamuel y nos ayuda a salirnos de conflictos, trae armonía, amor en todas sus formas, aumenta nuestra autoestima, y nos protege de la envidia. También nos ayuda en los temas relacionados con el bienestar económico, porque nos permite encontrar nuevas oportunidades.

Este rayo angelical rosa es la fuerza más poderosa del universo porque es el amor divino. Es el rayo de la inteligencia activa, es la capacidad de usar tu mente para crear la realidad. El tercer rayo es el rayo de la belleza, y la armonía.

Representa el amor divino, la prosperidad, la belleza y paz.

Día de la semana: martes

Rayo Blanco

Este Rayo Angelical está conectado al Arcángel Gabriel y nos ayuda a tener esperanzas, a estabilizar las emociones, y despierta la consciencia. Simboliza la pureza, el arte, la paz, la resurrección y la evolución espiritual. Este Rayo angelical te regala la armonía a través de los conflictos, porque posee la capacidad de resolver las tensiones y los desequilibrios que suceden en tu vida. El conflicto es inevitable en nuestra existencia, pero es una oportunidad de crecer, aprender y transformarnos. Este rayo angelical es el rayo de la pureza, la unidad y la síntesis porque el blanco contiene todos los colores del espectro. El blanco representa la luz divina, y fuente de toda vida. El blanco te ayuda a integrar todos los matices de tu ser.

Día de la semana: miércoles

Rayo Verde

Este Rayo Angelical está conectado con el Arcángel Rafael y es un rayo de compasión y sanación. El arcángel Rafael es el médico del cielo, y siempre que necesitemos sanación es él junto a su rayo quien nos ayudará. Representa la verdad, la salud, la sanación, la música, la consagración, la concentración y la paz.

Este rayo angelical te da el conocimiento, la capacidad de descubrir la verdad, la lógica y el análisis, que te permite aprender y comprender.

Este es el rayo de la verdad, y la exactitud. Es el rayo angelical de la curiosidad, y la sabiduría. Siempre te estimula a ser inquisitivo, y perspicaz. El rayo verde representa el equilibrio, la armonía y la paz.

Día de la semana: jueves

Rayo Oro o Rubi

Este Rayo angelical se conecta con el Arcángel Uriel, y otorga paz, armonía, prosperidad, soluciones pacíficas a los conflictos personales, sociales y profesionales, y ayuda a todos quienes trabajan en servicio a los demás. Simboliza el suministro material, la paz, nos ayuda a seguir nuestros sueños, nuestros valores, nuestras creencias y nuestros metas con fe.

Día de la semana: viernes

Rayo Violeta

Este Rayo Angelical se conecta con el Arcángel Zadquiel, y es el rayo es de la transmutación, nos ayuda a liberar con amor y perdón las energías estancadas, otorga poder para vencer miedos, ansiedades, y nos inspira para tener mayor tolerancia. Simboliza el perdón, la misericordia, y la paz. Este rayo angelical nos ayuda a balancear karma, liberarnos de cordones energéticos, realizar rituales y materializar nuestros deseos con la ayuda de la llama violeta.

Día de la semana: sábado

Beneficios de conectar con los Siete Rayos

Conectar con los siete rayos aporta muchos beneficios no solo a nivel físico, sino también mental, emocional y espiritual. Estos beneficios incluyen: mejorar tu salud ya que al conectar con los rayos sanas o previenes tus enfermedades, fortaleces tu sistema inmunológico, rejuvenecer tus células y aumentas tu vitalidad. Cuando utilizas los Rayos Angelicales aumenta tu paz interior, relajas tu cuerpo, calmas tu mente, equilibras tus emociones, armonizas tus energías y alcanzas un estado de serenidad. También puedes aumentar tu prosperidad al conectar con los siete rayos ya que atraes la abundancia, generas riqueza, multiplicas tus oportunidades, y expandes tus recursos.

Estos Rayos Angelicales te ayudan a mejorar tus finanzas aumentan tu satisfacción, tu plenitud, tu relación de pareja, tus relaciones familiares, y la relación con tus amigos.

Decretos de los Rayos Angelicales

Los decretos de los rayos angelicales se pronuncian en voz alta o mentalmente, con fe, y convicción, para invocar el poder de los siete rayos divinos.

Estos decretos sirven para transformar tu destino ya que te permiten alinear tu voluntad con la voluntad divina, liberarte de cordones kármicos, potenciar tus virtudes, superar obstáculos, manifestar y cumplir tus metas.

Los decretos de los rayos angelicales funcionan a través de la ley de atracción, y la ley del karma. Cuando los hagas debes expresar tus propósitos e intenciones con claridad y sinceridad.

Comienza por visualizar el color del rayo angelical que has invocado envolviéndote, siente sus vibraciones en todo tu ser.

Respira el color del rayo angelical y permite que fluya por tu cuerpo, mente y alma. Al terminar no olvides agradecer al rayo que has invocado por su ayuda, su guía y sus bendiciones.

Decretos del Primer Rayo Angelical (Azul)

- Yo soy voluntad divina en acción.
- Yo soy poder divino revelado.
- Yo soy justicia divina perfecta.
- Yo soy valentía divina confirmada.
- Yo soy victoria divina garantizada.

Decretos del Segundo Rayo Angelical (amarillo)

- Yo soy sabiduría divina.
- Yo soy iluminación divina.
- Yo soy verdad divina.
- Yo soy compasión divina.
- Yo soy generosidad divina.
- Yo soy humildad divina.
- Yo soy intuición divina.

Decretos del Tercer Rayo Angelical (rosado)

- Yo soy amor divino.
- Yo soy expresión divina.
- Yo soy belleza divina.
- Yo soy armonía divina.
- Yo soy comunicación divina.
- Yo soy alegría divina.
- Yo soy solución divina.

Decretos del Cuarto Rayo Angelical (blanco)

- Yo soy armonía divina.
- Yo soy transformación divina.
- Yo soy perfección divina.
- Yo soy libertad divina.
- Yo soy magia divina.
- Yo soy inspiración divina.
- Yo soy innovación divina.

Decretos del quinto Rayo Angelical (verde)

- Yo soy conocimiento divino.
- Yo soy ciencia divina.
- Yo soy verdad divina.
- Yo soy precisión divina.
- Yo soy lógica divina.

Decretos del sexto Rayo Angelical (Rubi)

- Yo soy devoción divina.
- Yo soy fe divina.
- Yo soy esperanza divina.
- Yo soy salvación divina.
- Yo soy bondad divina.
- Yo soy compasión divina.
- Yo soy sacrificio divino.

- Yo soy entrega divina.
- Yo soy rendición divina.

Decretos del séptimo Rayo Angelical (violeta)
- Yo soy transmutación divina.
- Yo soy liberación divina.
- Yo soy gracia divina.
- Yo soy libertad divina.
- Yo soy orden divino.
- Yo soy justicia divina.
- Yo soy manifestación divina.

En este 2025 debes utilizar todos estos decretos para que puedas vencer todos los cambios desafiantes que se aproximan. Estos rayos angelicales son una herramienta que te ayudará a alinear tu voluntad con la voluntad divina, te ayudarán a liberarte de ataduras kármicas, potenciarán tus virtudes, y serán claves para que puedas superar los obstáculos, y manifestar tus deseos.

Significado del 2025

El 2025 es un número complejo. Es un número multifacético, caracterizado por sus energías de renovación cíclica, que se suman al sentido natural del cambio y transición del 2025.

El número angelical 2025 es una combinación de las energías y vibraciones de los números 2 y 0. El número 5 se relaciona con los cambios, la versatilidad y la adaptabilidad. El número 2 representa la diplomacia, la cooperación, el equilibrio y la armonía, y el número 0 representa el potencial infinito y el desarrollo espiritual.

La repetición de estos números en el número angelical 2025 significa la importancia de encontrar el equilibrio y la armonía en todos los aspectos de nuestra vida, mientras nos mantenemos conectados con nuestro camino espiritual.

El número 2025 tiene un fuerte significado angelical porque el número 0 simboliza el despertar espiritual, recordándonos que debemos mantenernos conectados con nuestro yo superior y confiar en el destino que el universo ha establecido para nosotros.

Este número 2025 simboliza el ciclo interminable de la vida y la muerte.

El número 2 se relaciona con el equilibrio y la armonía, guiándonos a encontrar la paz interior y permanecer espiritualmente enfocados.

Este Año Universal 9 marca un final, puede ser desafiante política, económica y socialmente. El número 9 está asociado con la humanidad y las grandes causas, y nos da las esperanzas de que algunas mentes iluminadas seguirán un camino convincente de paz.

El 9 es el último de los dígitos del 1 al 9, marcando una transmutación, la finalización de un ciclo y el comienzo de un nuevo ciclo.

A nivel personal, este año actúa como un espejo, desafiando nuestras certezas y animándonos a reevaluar nuestras prioridades y el impacto de nuestras acciones.

El 2025 tiene una vibración única, será un período de transición y crecimiento que conduce a una versión más fuerte y satisfactoria de ti mismo.

Este año, bajo la influencia del número 9, puede verse como un período crucial para hacer un balance de los logros pasados. Es un momento propicio para llevar a cabo proyectos importantes. Es una energía de conclusión y altruismo, pero también un paso a un nuevo ciclo. A nivel colectivo, puede traducirse en acciones a gran escala, transformaciones sociales, o movimientos colectivos, orientados al progreso global. Pídeles a tus ángeles que te acompañen en este proceso.

Colores Angelicales para el Año 2025

Los colores que nos rodean, y los que elegimos para decorar nuestras vidas tienen significado, y vibraciones específicas que nos influyen de diferentes formas.

Todos los colores influyen en nuestros estados de ánimo, y sentimientos. Por eso los colores se han utilizado para el tratamiento de enfermedades, para la protección, para atraer a un alma gemela, y para elevar el espíritu.

El efecto de los colores en la mente humana, y la capacidad de utilizarlos para expresar emociones y situaciones ha sido utilizado desde la prehistoria. Por esa razón la importancia de los colores es fundamental para la continuación de nuestra especie y la supervivencia.

El significado de los colores puede expresarse a nivel emocional y espiritual. A nivel emocional sentimos la influencia del color en el sistema nervioso. Diferentes colores evocan diferentes sentimientos. Los colores pueden inducir a la acción, calma, ansiedad o la tranquilidad, por eso nuestros estados de ánimo son influenciados por los colores que escogemos para nuestra ropa y nuestro entorno.

Aries

Rojo

El rojo es un color poderoso que evoca emociones fuertes. Se asocia con el coraje, la fuerza, el amor y el sexo.

Es utilizado para llamar la atención, debido a su capacidad para atraer a las personas, por sus cualidades llamativas y atractivas.

El rojo representa la acción y la pasión, es un color ideal para el romance. Los hombres se sienten más atraídos por las mujeres que visten de color rojo.

El rojo significa prosperidad, y se relaciona con la abundancia. Un color ideal para un nuevo año lleno de sorpresas y diversión.
El color rojo atrae la buena suerte, así que debes incorporar el rojo en tu ropa, y en toda la decoración de tu casa.

El rojo es un elemento clave en las festividades y rituales de diferentes culturas.

Tauro

Azul

Un color relajante y pacífico. Está relacionado con elementos como el agua, el mar y el cielo.

El azul es una excelente opción para oficinas, ya que puede evitar que tu mente divague cuando intentas trabajar.

El color azul evoca pensamientos de paz. Este color te dará la tranquilidad mental que necesitas este año tan cargado de compromisos y responsabilidades.

Debes acompañar tus días con un toque de esta tonalidad ya que esto te ayudará a reducir el estrés, fortalecer tu salud y mantenerte enfocado.

El color azul se asocia con la verdad, tiene que ver con la intuición, y con la idea de mirar el mundo de una forma diferente.

Este color te ayudará a tener calma, a comunicarte y a tener sintonía espiritual.

Géminis

Naranja

Un color que está en la naturaleza, en las frutas y en las glamurosas puestas del sol.

El naranja es un color que emite calidez. Es un color que invoca entusiasmo, pasión y confianza. Está relacionado con la felicidad, creatividad y la vitalidad.

El naranja es un color muy bueno para situaciones en las que puede haber problemas de timidez. Te ayudará a superar los obstáculos y desafíos, ya que te infundirá coraje y determinación.

Este color te ayudará a crear nuevos vínculos. Esta tonalidad repele las energías negativas, y te ayuda a destacar por sobre los demás.
La presencia tan vibrante y llamativa de este color te dará confianza para expresar tus emociones e ideas.

Cáncer

Morado

El morado es un color realmente potente e intenso.

Las personas reaccionan al morado más de lo que te imaginas. Este color te ayudará a mantener el amor y la bondad.

El morado se asocia con la realeza, riqueza, y magia. Es un color muy poderoso.

El color morado estimula la creatividad, la espiritualidad y la independencia.

Este tono, tan majestuoso, también tendrá un efecto calmante en tu audiencia, las personas se sentirán más tranquilas cuando te vean.

El púrpura es un excelente color, si tienes un trabajo muy estresante, ya que reduce la irritabilidad. Es un color que aporta estabilidad y energía.

Está asociado a la sabiduría y la creatividad, además te permitirá absorber las buenas energías, la suerte y la abundancia.

Leo

Amarillo

El amarillo significa felicidad, y da energías a las personas.

El amarillo es ese color capaz de llenar de energías tu hogar.

Es uno de los colores más luminosos que da vida a los espacios.

Este color te hará sentir muy feliz, creativo y activo.

Debes utilizar este tono a diario durante este 2025 ya que te ayudará a mantenerte fiel a ti mismo y en contacto con tus sentimientos de agradecimiento y alegría.

Es un color perfecto que te hará irradiar energías positivas. Este color iluminará tu mente y espíritu, regalándote optimismo.

El color amarillo estimula el sistema nervioso, y facilita la toma de decisiones. Además, impulsa la concentración y la productividad.

Úsalo en tu ropa de noche, y en los accesorios, porque este color hará declaraciones de estilo y te añadirá un toque de alegría.

Virgo

Verde

El verde nos recuerda la naturaleza, las plantas, los árboles, los campos, y los lugares que nos hacen sentir tranquilos y en paz.

El color verde con su tonalidad profunda representa las esperanzas, y la promesa de un nuevo comienzo.

El color verde evoca sensación de equilibrio. Debes incorporar el color verde en tu ropa, o en la decoración de tu hogar, para crear una sensación de frescura y renovación en este nuevo año 2025.

Agrega toques de este color en tu oficina porque te ayudará a aliviar la ansiedad y reducir la depresión.

El color verde también hace que las personas se sientan saludables y fuertes, porque es sinónimo de equilibrio entre el descanso, el trabajo y el bienestar diario.

Este color te aportará estabilidad mental, relajación y amor propio.

La forma más simple de utilizar este color en la decoración de tu hogar es con plantas.

Libra

Negro

Un color asociado a la elegancia y la muerte.

El negro es un color poderoso. Durante siglos, fue un color exclusivo, y solo la nobleza podía permitirse el lujo de vestirse de negro. El color negro representa la autoridad, razón por la cual se encuentra presente en las vestimentas propias de ciertos profesionales, ya sea como uniforme, o como atuendo para ceremonias.

El negro es elegante y exquisito. Representa la seriedad, formalidad y la fortaleza. También simboliza la rebeldía, y es el color de la sensualidad.

En el antiguo Egipto, el negro simbolizaba la abundancia, la fertilidad, y el crecimiento. En Japón, representa la belleza y la sabiduría.

El negro es un color definido. Es un símbolo de misterio, y su capacidad de transmitir exclusividad lo ha convertido en una elección perfecta para productos de alta costura.

Escorpión

Blanco

El blanco es el color de la pureza, un nuevo comienzo, y una página por escribir. Está relacionado con la tranquilidad, la paz, la elegancia y la perfección. Este color se encuentra en la nieve, las nubes y las olas del mar.

El blanco inspira claridad de pensamientos, honestidad y visibilidad.

Es el color más simple de poner en tu hogar, además atrae las buenas energías y, por ende, la abundancia y el dinero.

Las paredes blancas son la opción más frecuente, pero lo mejor es añadirlo en los muebles, como los estantes o vitrinas. Este color queda bien en cualquier rincón de la casa, y combina perfectamente con el resto de los colores.

El color blanco es sagrado, se utiliza en ceremonias y rituales religiosos.

Sagitario

Plateado

El color plateado simboliza la presencia Lunar en nuestras vidas. En astrología la Luna simboliza la figura materna. Es protectora y proporciona armonía.

Este color será un gran aliado para Sagitario, ya que le permitirá conectar con su sensibilidad.

Este color representa éxitos en el área laboral. Es sinónimo de profesionalismo, y compromiso. Este color suele transmitir mensajes positivos y generar emociones sanas.

El color plateado está relacionado a la pureza, inocencia, verdad, justicia, y equidad.

Este color te ayudará a promover la armonía y a superar bloqueos mentales.

Simboliza abundancia y crecimiento.

Capricornio

Rosado

Este color simboliza las emociones, y lo hace de una forma tranquilizadora. Es protector, aleja las energías negativas, y ayuda a tener pensamientos claros.

El color rosado está relacionado con la apertura del corazón, la conexión con el mundo espiritual, y la elevación del espíritu. También se asocia a la pureza y el potencial de evolucionar.

Puedes añadir este color a tu ropa o en la decoración de tu hogar para darle un toque de suavidad y elegancia.

El color rosado es el símbolo de la juventud eterna, expresa inocencia, amor, y entrega total.

El rosado es símbolo de esperanza, es un color positivo que trasmite seguridad y optimismo en el futuro. Un color que atenúa la agresividad.

Acuario

Dorado

Un color que simboliza la abundancia, riqueza y el poder. No solo favorece la economía, sino también la empatía, la comunicación y logro de metas.

El color dorado simboliza algo más que la riqueza material. Es símbolo de pureza espiritual.

El dorado revitaliza la mente, da inspiración, y aleja los miedos. Favorece la comunicación.

En el antiguo Egipto era un color solamente utilizado por los faraones ya que simbolizaba la luz espiritual, la vida y el renacimiento.
El color dorado es excelente para combatir la depresión y equilibrar la mente.
Este color te va a dar riqueza, abundancia, prosperidad, suerte y éxito.

Piscis

Marrón

El Marrón es un color que tiene la capacidad de aportar estabilidad y alejar la inseguridad. Nos acerca a los ciclos de la vida, la tierra, y la naturaleza.
Este color te ayudará a luchar contra las adversidades y a tener los pies en el suelo.

El color marrón trasmite seguridad, es el color a la resiliencia y la búsqueda de estabilidad emocional. Este color genera una sensación de familiaridad y evoca serenidad.
En tu hogar lo puedes utilizar para crear ambientes acogedores.

El color marrón significa seguridad y constancia. Este color puede ayudarte a encontrar el bienestar, y sentirte mejor en tu día a día durante este año.

Utilizarlo en tu ropa te ayudará a trasmitir una imagen de confianza, y credibilidad ya que le infundirá carisma a tu personalidad.

Colores de los Arcángeles

Rojo: es el primer Rayo y se relaciona con el Arcángel Miguel, y el Maestro Ascendido El Moria.

Amarillo: es el segundo Rayo y se relaciona con el Arcángel Jofiel.

Rosa: es el tercer Rayo y se relaciona con el Arcángel Chamuel y el Maestro Ascendido Serapis Bey.

Verde: es el cuarto Rayo y se relaciona con el Arcángel Gabriel y Pablo el Veneciano.

Naranja: es el quinto Rayo y se relaciona con el Arcángel Rafael y el Maestro Hilario.

Índigo: es el sexto Rayo y se relaciona con el Arcángel Uriel y Jesucristo.

Violeta: es el séptimo Rayo y se relaciona con el Arcángel Zadkiel y Saint-Germain.

Blanco: se relaciona con todos los Rayos y con el Arcángel Gabriel y Pablo el Veneciano.

Predicciones Angelicales por Signos 2025

Predicciones para Aries

Este año 2025 indica los ángeles te ayudaran a fortalecer, transformar o materializar tus sueños. Estos ángeles te mostrarán el camino a seguir si deseas transformar tu realidad y superarte.

Los ángeles te rodean con su energía divina transmitiéndote estas virtudes. Con ellas lograrás la transformación de tu espíritu, modificando tu destino y hallando el camino hacia la realización de tus sueños.

Siémbralas en tu alma y cultívalas. Con ellas crecerás, te fortalecerás y progresarás en todos los aspectos de tu vida. Requieres una transformación radical para la materialización de tus propósitos. Con el tiempo notarás que has superado todos las barreras que impedían tu progreso, pero tendrás que esforzarte y trabajar con paciencia y dedicación. De ti depende, tú eres quien decidirá el futuro que aspiras. Los ángeles te conducirán hacia el bienestar y la paz interior que necesitas para ser feliz. Este es un año de introversión, analiza tus conductas, la inseguridad, la incertidumbre, o las dudas solo opacan tus sentimientos.

Disfruta el presente con toda tu pasión y entusiasmo, debes recuperar tu vitalidad.

Reconoce tus propios sentimientos, atrévete, y expresa tus emociones, confía en ti. Pronto sentirás que desde lo más profundo de tu ser surge la paz y alegría interior que equilibraran tus sentimientos.

Aprende a ser prudente y paciente con tu prójimo, saber escuchar es una manera saludable de contribuir a la felicidad del otro, ese es el sentido de la generosidad, el brindarte, ayudar, confiar en el otro te hará mejor persona, te dará sabiduría y te llenará de dicha.

Predicciones para Tauro

Este año 2025 imprégnate de la energía suprema que el ángel de tu guarda te transfiere. Él te otorga la potencia que necesitas para elevar tu espíritu. El valor dominará tus miedos, con él enfrentarás todos los obstáculos que impiden tu prosperidad. Valiente no es el que no tiene miedos sino aquel que tiene voluntad de vencerlos.

Recuerda que la tristeza es un don del cielo, pero el pesimismo es una enfermedad del espíritu por eso pon optimismo a partir de este año. Descubrirás que tu vida cambia y tus proyectos se realizan. Goza cada minuto de tu vida.

Siéntete profundamente protegido, tu arcángel te impregna con su energía poderosa, Confía él descenderá para hacer tus suelos realidad. Él te confortará.

Tu ángel guardián canalizará las energías de la abundancia en tu vida, es proveedor de gracias espirituales y terrenales. Tu ángel te ayudará a que se produzcan cambios rápidos. Tendrás buena suerte y la riqueza merecida.

Este año debes conectarte a tu lado espiritual, las energías fluirán a tu favor, y los ángeles te animan a confiar en tu intuición. El 2025 trae oportunidades para emprender caminos nuevos que se alineen con tus metas, es el año ideal para seguir el impulso de tu alma.

Predicciones para Géminis

Este año tu ángel te rodea con su energía divina transmitiéndote estas virtudes. Con esas energías lograrás la transformación de tu espíritu, modificando tu destino y hallando el camino hacia la realización de tus sueños.

Siémbralas en tu alma y cultívalas. Con ellas crecerás, te fortalecerás y progresarás en todos los aspectos de tu vida. Requieres una transformación radical para la materialización de tus propósitos.

Con el tiempo notarás que has superado todos las barreras que impedían tu progreso, pero tendrás que esforzarte y trabajar con paciencia y dedicación. De ti depende, tú eres quien decidirá el futuro que aspiras.

Ha llegado el año de la reflexión. Recuerda perdonar. La vida es un constante aprendizaje, que tendrás que utilizar para forjar tu futuro.

Aprende a ser prudente y paciente con tu prójimo, saber escuchar es una manera saludable de contribuir a la felicidad del otro, ese es el sentido de la generosidad, el brindarte, ayudar, confiar en el otro te hará mejor persona, te dará sabiduría y te llenará de dicha. Tu ángel te otorga la potencia que necesitas para elevar tu espíritu. El valor dominará tus miedos, con él enfrentarás todos los obstáculos que impiden tu prosperidad.

Predicciones para Cáncer

Tu ángel disipará de tu espíritu las tinieblas, aquellas que te hacen un ser débil. Él te ayudará aportándote apertura mental y coraje para enfrentar nuevas experiencias.

Luchará contra quienes tienen malas intenciones, te ayudará a abrirte a nuevas formas de pensar y a tener coraje de enfrentar los obstáculos que te impiden alcanzar la felicidad.

Concéntrate en mantener buenas relaciones con las personas a tu alrededor, eres un invaluable soporte para ellos. Últimamente tienes tendencia a guardarte tus pensamientos, desafortunadamente, ese comportamiento te causa problemas. Debes de encontrar el valor para decirle a la gente lo que tienes en tu corazón, incluso aunque el momento no sea el ideal. La verdad es buena, así que deja de intentar evitarla.

Tienes un irrefrenable deseo de lograr los objetivos que estableces, tu ángel está aquí para asegurarse de que estos objetivos no se vean frustrados por impulsos negativos. Tú tienes la fuerza y el control personal para hacer lo que es mejor confía en que tu ángel te ayudará a atravesar cualquier mala racha.

Es el año para soltar viejas heridas y permitir que la energía del amor y la compasión fluyan en tu vida.

Predicciones para Leo

Los ángeles te están diciendo que actualmente te encuentras en un punto muerto. Tu corazón está cerrado debido a algo que hiciste o que alguien te hizo. Tu ángel te ayudará a tomar el control de tu vida.

Tu ángel le infundirá energía positiva a tu alma para que puedas hacerle frente a tus demonios. Si le has causado daño a alguien, es posible que quieras hacer todo lo posible por reparar el daño que has creado.

Si eres tú quién ha sufrido un daño, tu ángel te ayudará a que la persona que te hirió a pedir perdón. De esta manera, ambos estarán de vuelta a una base sólida.

Tienes dentro de ti, la fuerza para superar la adversidad. Tu ángel puede darte la energía para utilizar tus mejores dones y poder ayudarte tanto a ti, como a los demás.

Se fiel a ti mismo y no dejes que el mundo exterior te lleve abajo. Confía en ti y encuentra un final feliz a algún tema clave en tu vida, y una mayor serenidad.

Con frecuencia temes la envidia ajena, y puede suceder que llegues a complicarte la vida con personas envidiosas y vengativas.

Debes buscar claridad mental, y aprender a comunicarte de forma más efectiva.

Predicciones para Virgo

Este es un año memorable marcado por nuevos comienzos, donde tu intuición y confianza en ti mismo se combinan para ayudarte a pasar a un nuevo capítulo de tu vida. Es probable que tu hogar y tu familia estén involucrados.

Este es tu año para un cambio de imagen saludable emocional y físicamente. Dale la bienvenida a nuevos y emocionantes cambios en el estilo de vida. Escucha a tu propio corazón, usa tus pensamientos de manera positiva y fortalece.

Ves tu vida bajo una luz diferente. Tu entusiasmo puede ser contagioso inspirando a otros. Puedes encontrar la fuerza emocional para confiar en tus propios recursos. A medida que avanzas, descubres una vitalidad renovada, una sensación de llevar una carga más ligera y una maravillosa sensación de que un nuevo episodio de tu vida está a punto de comenzar con un borrón y cuenta nueva.

Un punto débil este año es tu percepción de la delicada relatividad de la verdad o de lo que es correcto. De modo que, en ocasiones, tiendes a utilizar la mitad de la verdad para lograr tus objetivos pensando que, de todos modos, el fin justifica los medios. Busca profundamente en tu interior para determinar lo que el concepto verdad realmente representa para ti.

Predicciones para Libra

Es hora de analizar tus necesidades emocionales y las de tu familia, tus seres queridos pueden parecer irracionales este año. Lo mismo puede suceder con tus propios sentimientos sobre el hogar y la familia, pero tienes que enfrentarlos, porque si los reprimes, pueden estallar de maneras extrañas.

¿Dónde está la casa? ¿Quién es tu familia? ¿A dónde perteneces? ¿Qué necesitas para sentirte seguro y protegido en tu hogar?

Reflexiona sobre los sentimientos que están surgiendo y toma medidas meditadas. Es posible que sea necesario hacer cambios en tu hogar, y es posible que alguien nuevo se convierta en parte de tu hogar. Acércate a tus seres queridos, sana las heridas del pasado y crea canales de comunicación que sean cálidos y amorosos.

"Cambio" es la palabra clave este año. Es posible que estés inquieto, ansioso por cambiar tu vida, o inquieto, preocupado por las diferencias inminentes. Recibirás noticias de cambios, o tal vez tomes medidas tú mismo después de sopesar los pros y los contras. Déjate llevar, actúa cuando puedas y busca el mayor apoyo posible.

Evita los conflictos siempre que sea posible. Actúa con integridad, no con agresión. Si te sientes reprimido y agresivo, el ejercicio físico es beneficioso. También puedes disfrutar de viajes a lugares apartados. Estás listo para la aventura este año, aprovecha al máximo las oportunidades y disfruta.

Predicciones para Escorpión

Este año 2025 si estás casado, puedes experimentar un renovado sentido del amor. Si estás soltero pudieras conocer a alguien, enamorarte y disfrutar de un periodo de noviazgo que puede derivar en un compromiso.

Este año creces en independencia, fuerza y vitalidad, y pruebas cosas nuevas con facilidad. Estás ansioso por enfrentar la vida de frente. Tu ángel te recuerda que vas en la dirección correcta si eres feliz y saludable, y tomas decisiones con visión de futuro y logras tus metas personales.

Asumirás con confianza los desafíos de las nuevas oportunidades que requieren iniciativa y un poco de riesgo. Si te sientes enojado, y resentido, es porque alguien está bloqueando tu camino.

Puedes modificar tu trayectoria profesional, aunque no de la noche a la mañana. Un curso de estudio o un examen puede beneficiar tu carrera más adelante.

Este es un año excelente para llevar a cabo un examen de conciencia, profundizar en las soluciones a los problemas pendientes y disfrutar de los desafíos que resultan de sus nuevas realizaciones.

Si has tomado atajos con inversiones o negocios, pagas las consecuencias. La separación o el divorcio pueden cambiar su perspectiva financiera.

Predicciones para Sagitario

Este año los problemas emocionales arraigados en el pasado podrían hacer que sientas inhibición. También podrías andar un poco más sensible que de costumbre y ver insultos donde no los hay. Frena el impulso de ofenderte. Trata de confrontar y liberar los viejos problemas o, al menos, prométete resolverlos.

Este año la felicidad llegará a ti, pero debes saber que para mantenerla hay muchos caminos tortuosos que debes cruzar. Tu ángel te acompaña y te dará sabiduría para superar cualquier obstáculo. No importa los desafíos que te pongan en el camino. Tu determinación, creatividad e inteligencia te ayudarán a avanzar.

Te esforzaste para alcanzar las metas, este año te toca trabajar para que el futuro siga exitoso. Dejar de luchar por tus metas no es una opción. Tú eres inteligente y no debes permitir que otros te trunquen el camino a la felicidad. Los ángeles te guían y te cubren con su luz divina.

Abre tu corazón a la humildad para que sientas el poder del amor. No permitas que las desdichas te llenen de odio porque eso corta tu camino al progreso.

Tienes que abrir tu mente a los nuevos cambios y soltar los malos pensamientos para que puedas avanzar desde el amor.

Predicciones para Capricornio

Vas a afrontar cambios drásticos en tu vida, pero debes tener firmeza para seguir adelante.

Paciencia y tolerancia que los ángeles tienen el poder para ayudarte a pasar todos los obstáculos. Los sueños no se hacen realidad por arte de magia, necesitas determinación y trabajar duro. Tú tienes la fortaleza para seguir adelante. Toma decisiones con firmeza que el ángel que te protege estará a tu lado para guiarte.

Cambia tu actitud y recuerda que todo lo que sucede tiene el propósito de hacerte más fuerte. Ejecuta tus conocimientos con la destreza del que sigue aprendiendo para que lluvias bendiciones lleguen a ti.

Busca dentro de tu corazón la comprensión para ayudar a quienes están a tu lado y pasa por momentos de dificultad.

Apartara las personas negativas o tóxicas de tu vida y dale prioridad a tu salud mental. Deja a un lado el pasado e inicia una nuevo ciclo en tu vida que te permita disfrutar de todo lo que te mereces.

Aprende a ver el lado positivo de los problemas, cuando suceden ciertos eventos nos ayudan a entender que el camino que tomamos no es el adecuado. Busca dónde cometes errores para que los puedas corregir.

Predicciones para Acuario

Este año la paciencia será el elemento clave a tener presente cuando sientas que las cosas se escapan de tus manos.

Reflexiona y después toma decisiones. Pídeles a los ángeles sabiduría para solucionar los problemas. Si estás pasando por un mal momento, recuerda que por muy difícil que sean las circunstancias siempre debes mantener una actitud positiva. No permitas que las personas toxicas perturben tu paz. Tú tienes que poner todo de tu parte para vencer los obstáculos.

Despierta tu guerrero interior y lucha contra los desafíos con valentía. Este año puedes conquistar tus metas.

Cultiva la paciencia, la verdadera riqueza reside en la tranquilidad interior. Suelta las cargas del pasado y abraza este año con una mente renovada. La sanación emocional te abrirá las puertas al éxito. Persevera en tus objetivos con tenacidad porque el éxito llega siempre a las personas que trabajan con determinación.

Protege tu autoestima y no permitas que nadie te quite los deseos de avanzar. Busca personas con tus mismas metas para crear proyectos. Evita preocuparte por el pasado y disfruta el presente.

Sé cauteloso y no confíes en quienes se acercan a ti, ya que algunos podrían buscar beneficios personales.

Predicciones para Piscis

Este año debes ser precavido al abrir tu corazón para que puedas evitar errores. Aprovecha todas las oportunidades, ya que tienen fecha de expiración.

Cuida tu salud para que evites infecciones respiratorias. Cuida tu salud, descansa y duerme lo necesario.

No te compares con nadie, cada persona tiene su propio camino. Este año mejorarán tus finanzas, pero ahorra para prevenir crisis económicas futuras.

Un amor del pasado regresará, piensa si es conveniente retomar esa relación. Cuídate de amistades conflictivas que podrían causarte problemas.

La vida te presentará retos para que aprendas a valorar más a tus seres queridos. Si tu pareja muestra cambios en su comportamiento, evalúa si vale la pena continuar esa relación. Conocerás a alguien a través de redes sociales que te ayudará a darle sabor a tu vida.

Un cambio estético de imagen te ayudará a atraer nuevas oportunidades en el amor No te quedes paralizado en el pasado, debes invertir en ti para sentirte mejor.

Este año no olvides que debes dar para alcanzar la prosperidad y apreciar lo que ya tienes.

Leyes Espirituales para cada Signo en el 2025

Aries.

La Ley de Atracción

Lo que pensamos y sentimos lo creamos. Nuestras vibraciones atraen experiencias y personas similares.

Cultiva una actitud positiva: Busca lo bueno en cada situación y expresa gratitud.

Visualiza tus metas: Crea imágenes mentales claras y detalladas de lo que deseas lograr.

Afirmaciones positivas: Repite frases que refuercen tus creencias y deseos.

Toma acción: La ley de la atracción no reemplaza el esfuerzo. Establece metas claras y trabaja para alcanzarlas.

Mantén una mente abierta: Sé flexible y dispuesto a aceptar cambios y nuevas oportunidades.

La ley de la atracción puede ser tu herramienta en este año 2025 para fomentar el optimismo y la motivación. Sin embargo, es esencial complementarla con una perspectiva realista y un enfoque proactivo para lograr tus objetivos.

Tauro.

La Ley del Karma

Toda acción tiene una reacción. Nuestras acciones, tanto positivas como negativas, generan consecuencias en nuestras vidas. La Ley del Karma ofrece una perspectiva profunda y significativa sobre la vida. Al comprender y aplicar sus principios, podemos crear una vida más feliz, más plena y más alineada con nuestros valores más profundos.

Causa y Efecto: La consecuencia más directa es la relación entre nuestras acciones y sus resultados. Si sembramos amor y bondad, cosecharemos lo mismo. Si sembramos odio y violencia, cosecharemos dolor.

Responsabilidad Individual: La Ley del Karma nos invita a tomar responsabilidad por nuestras vidas. Nuestras circunstancias no son solo producto del azar, sino también resultado de nuestras elecciones y acciones pasadas.

Crecimiento Espiritual: Al comprender la Ley del Karma, podemos cultivar la compasión, la paciencia y la sabiduría.

Equilibrio y Justicia: Aunque puede parecer injusto que las consecuencias de nuestras acciones tarden en manifestarse, la Ley del Karma nos asegura que, a largo plazo, todo se equilibra.

Géminis.

La Ley del Desapego

Al apegarse a resultados o posesiones, se bloquea el flujo de abundancia. El desapego permite que la vida fluya libremente.

Mayor Paz Mental: Al soltar las preocupaciones y apegos, experimentarás una sensación de calma y tranquilidad interior.

Libertad Emocional: Te liberarás de cargas emocionales como el miedo, la ansiedad y la tristeza, que a menudo están ligados a nuestros apegos.

Crecimiento Personal: El desapego te permite estar abierto a nuevas experiencias y oportunidades, fomentando así tu desarrollo personal.

Abundancia: Al dejar ir lo que no necesitas, creas espacio para que llegue algo nuevo y mejor a tu vida.

Mejores Relaciones: El desapego te ayuda a construir relaciones más sanas y auténticas, basadas en el amor y el respeto mutuo.

Ley del Desapego es una herramienta poderosa para alcanzar la felicidad y la realización personal. Libera el resentimiento y la culpa para sanar tus relaciones y a ti mismo.

Cáncer.

La Ley del Perdón

El perdón libera la energía negativa y permite la sanación personal y espiritual. La Ley del Perdón es un principio espiritual que propone que perdonar a los demás, y a nosotros mismos, es esencial para nuestra sanación y bienestar. Al perdonar, liberas las cargas emocionales negativas que te atan al pasado y abres la puerta a un futuro más brillante.

Liberación Emocional: Perdonar libera la ira, el resentimiento y la culpa, permitiendo experimentar una mayor paz interior.

Mejora la Salud: El estrés y la negatividad asociados al rencor pueden afectar nuestra salud física y mental. El perdón puede ayudar a reducir estos efectos.

Crecimiento Espiritual: El perdón es un acto de amor incondicional que nos acerca a nuestra esencia espiritual.

Atracción de Positividad: Al perdonar, atraemos más positividad y armonía a nuestras vidas.

Perdonar es una decisión consciente de dejar ir el dolor, no significa justificar el mal comportamiento. Agradece las lecciones aprendidas a través de la experiencia.

Leo.

La Ley del Servicio

Al servir a los demás, se experimenta una mayor conexión con el universo y se recibe en abundancia.

Ayudar a otros aumenta los niveles de serotonina y dopamina, neurotransmisores asociados con la felicidad. El servicio te conecta con la comunidad y te permite construir relaciones más fuertes y significativas.

Al servir a un propósito más grande que nosotros mismos, encontramos un sentido más profundo en la vida.

El servicio te desafía a salir de tu zona de confort y desarrollar nuevas habilidades y perspectivas.

Al centrarnos en las necesidades de los demás, desvías la atención de tus problemas y preocupaciones.

Realiza pequeños actos de bondad en tu día a día, comparte tus habilidades con los demás, y agradece las oportunidades que tienes para servir.

Virgo.

Ley de la Vibración

Todo es energía vibrando a diferentes frecuencias. Nuestras emociones y pensamientos afectan nuestra vibración. Todo en el universo, incluyendo los seres humanos, los objetos y los pensamientos, están compuesto de energía.

Cada cosa vibra a una frecuencia diferente. Esta frecuencia determina la naturaleza y la manifestación de esa cosa. Los objetos o personas que vibran a una frecuencia similar se atraen entre sí. Recuerda que los pensamientos positivos atraen experiencias positivas.

Nuestras vibraciones personales crean nuestra realidad. Si vibramos en una frecuencia de miedo, atraemos experiencias de miedo. Si vibramos en una frecuencia de amor y abundancia, atraemos experiencias de amor y abundancia.

Nuestras emociones son una manifestación de nuestras frecuencias vibratorias. Sentimientos como la alegría y el amor vibran a una frecuencia más alta que el miedo y la tristeza.

La Ley de la Vibración te enseña que tú eres el creador de tu realidad. Al comprender y aplicar esta ley, puedes manifestar una vida más feliz y plena.

Libra.

Ley del Equilibrio

La vida busca el equilibrio. El exceso en un área conduce al desequilibrio en otra. El equilibrio es esencial para nuestra salud física, mental y emocional. Cuando estamos en equilibrio, experimentamos una mayor sensación de paz y armonía en nuestras vidas.

El equilibrio nos permite crecer y evolucionar de manera más saludable y en las relaciones fomenta la conexión y la comprensión mutua.

El estrés, el insomnio o las enfermedades pueden ser señales de desequilibrio. Incorpora actividades en tu rutina que te ayuden a equilibrar tu vida, como ejercicios, meditación, tiempo en la naturaleza y momentos de relajación.

No olvides que la atención plena te ayuda a estar más consciente de tus pensamientos y emociones, lo que te facilita identificar los desequilibrios.

No te sobrecargues de responsabilidades, si trabajas demasiado, dedica más tiempo a tus hobbies o a pasar tiempo con tus seres queridos.

Escorpión.

Ley de la Abundancia

El universo es abundante. La escasez es una ilusión. Nuestros pensamientos son energía vibratoria. Cuando pensamos en abundancia, felicidad y prosperidad, emitimos una vibración que atrae más de lo mismo. En lugar de centrarte en lo que no tienes, enfoca tu atención en lo que sí tienes y en lo que deseas atraer.

La abundancia se refiere a todos los aspectos de la vida, incluyendo salud, relaciones y felicidad.

La abundancia no es egoísta. Al atraer abundancia a tu vida, también puedes compartirla con los demás.

Establece metas claras y específicas que te emocionen, no te preocupes por el futuro ni te lamentes del pasado, y recibe los regalos del universo con gratitud y apertura.

La Ley de la Abundancia funciona bajo el principio de que lo que pensamos y sentimos, creamos. Al enfocarte en la abundancia y la positividad, estás enviando una señal al universo que atrae más de lo mismo hacia ti.

Sagitario.

Ley de la Responsabilidad

Somos responsables de nuestras propias vidas. Es decir, somos los autores de nuestra propia vida, y cada experiencia, positiva o negativa, es un reflejo de nuestras creencias, pensamientos y acciones.

Reconoce que eres el único responsable de tus decisiones y de los resultados que obtienes. Comprender que cada pensamiento, palabra y acción genera una reacción en el universo, creando así tu realidad.

Asume la responsabilidad de tus errores y aprende de ellos para evolucionar.

Toma las riendas de tu vida y crea la realidad que deseas. Identifica los pensamientos negativos y reemplázalos por pensamientos positivos. Asume la responsabilidad de tus emocione. Tus emociones son una respuesta a tus pensamientos. Aprende a gestionar tus emociones de forma saludable.

Enfócate en lo que tienes, en lugar de lo que te falta.

Capricornio.

Ley de la Sincronicidad

Las coincidencias significativas no son casualidades. Los eventos sincronizados pueden tener un significado simbólico personal. Por ejemplo, ver repetidamente el número 22 puede ser una señal de que estás en el camino correcto.

La sincronicidad a menudo se experimenta a través de la intuición, es esa sensación interna de que algo es importante o significativo. Mantén tu mente abierta y observa las coincidencias que ocurren en tu vida.

Escucha tu voz interior y sigue las señales que te envía. Registra las sincronicidades que experimentas para encontrar patrones y significados. Presta atención a los detalles, a los números, a las palabras que se repiten, y a las personas que conoces.

Agradece al universo por las sincronicidades que experimentas. La gratitud atrae más cosas buenas a tu vida.

Acuario.

Ley de la Perfección

Todo es perfecto tal como es. Al reconocer nuestra conexión con el universo, entendemos que somos parte de algo más grande y perfecto. La perfección no es un estado al que se llega, sino un proceso continuo de crecimiento y evolución. Aceptar tus imperfecciones y limitaciones te permite conectar con tu esencia divina.

Acéptate tal como eres, con tus fortalezas y debilidades, cree en ti mismo y en tu capacidad para lograr grandes cosas.

Practica la atención plena, observa tus pensamientos y emociones sin juzgarlos, no te aferres al pasado ni te preocupes por el futuro.

Pasa tiempo en la naturaleza para sentir la energía de la creación y pídeles a tus ángeles que se manifieste la perfección en todo lo que estás viviendo, en tus seres queridos, tu familia, tu trabajo, tus finanzas, tus amistades, y en todos tus asuntos.

Piscis.

Ley del Amor Incondicional

El amor es la fuerza más poderosa del universo. El amor incondicional es un estado que va más allá de las condiciones, expectativas. Es un amor puro y desinteresado que se extiende a todos los seres sin distinción. Es la energía fundamental que conecta todo lo existente.

Decidir amar incondicionalmente es una elección consciente que transforma nuestra vida y nuestras relaciones. Al amar incondicionalmente, atraes más amor a tu vida.

El amor incondicional tiene un poder curativo profundo, tanto a nivel físico como emocional. Acepta tus fortalezas y debilidades, trátate con la misma compasión y bondad que tratarías a alguien a quien amas. Libera el resentimiento y la culpa. Perdonar a los demás y a ti mismo te permite avanzar.

Intenta comprender las perspectivas de los demás, incluso si no estás de acuerdo con ellas, ayuda a los demás de manera desinteresada.

Como Comunicarte con tu Ángel Guardián

Cada uno de nosotros antes de nacer, le asignan a su Ángel guardián. Ellos actúan a través de los sentidos de las personas y de la imaginación, pero nunca pueden actuar en contra de la voluntad humana.

Los Ángeles guardianes no pueden interferir en la vida de los humanos a menos que éstos se lo pidan o estén en peligro de muerte inminente.

Para comunicarte con tu Ángel Guardian, debes pedir su ayuda. La manera más popular de comunicarte con tu Ángel es a través de las oraciones, pero puedes lograrlo estando atento a los mensajes y sincronías que ocurren después de pedir su ayuda. Debes poner atención a tus sueños y buscar su significado, hacerle caso a tu intuición cuando sientas algo inusual.

Para poder contactar a tu Ángel guardián, debes invocarlo porque de esta forma le envías un mensaje de tu intención de recibir su ayuda y consejos.

Las emociones pueden crear interferencia y prevenir la comunicación efectiva. La meditación es el mejor vehículo para establecer contacto con tu Ángel guardián. Mientras más tranquila esté tu mente, mejor podrás percibir a tu Ángel Guardian.

La intuición, o el sexto sentido, es la forma más efectiva de comunicación tu Ángel Guardian. Es por eso por lo que las personas que tienen encuentros con Ángeles casi siempre los experimentan en momentos de ansiedad porque en esos momentos, el ser humano reacciona de acuerdo con su instinto. Eso abre un canal de comunicación y deja fluir el amor del Ángel guardián.

Contactar a tu Ángel guardián es un proceso que te permitirá disfrutar de una vida milagrosa y llena de bendiciones.

Acerca del Autor

Acerca de la Autora

Además de sus conocimientos astrológicos, Alina A. Rubi tiene una educación profesional abundante; posee certificaciones en Sicología, Hipnosis, Reiki, Sanación Bioenergética con Cristales, Sanación Angelical, Interpretación de Sueños y es Instructora Espiritual. Rubi posee conocimientos de Gemología, los cuales usa para programar las piedras o minerales y convertirlos en poderosos Amuletos o Talismanes de protección.

Rubi posee un carácter práctico y orientado a los resultados, lo cual le ha permitido tener una visión especial e integradora de varios mundos, facilitándole las soluciones a problemas específicos. Alina escribe los Horóscopos Mensuales para la página de internet de la American Asociation of Astrologers, Ud. puede leerlos en el sitio:

www.astrologers.com. En este momento escribe semanalmente una columna en el diario El Nuevo Herald sobre temas espirituales, publicada todos los domingos en forma digital y los lunes en el impreso.

También tiene un programa y el Horóscopo semanal en el canal de YouTube de este periódico. Su Anuario Astrológico se publica todos los años en el periódico "Diario las Américas", bajo la columna Rubi Astróloga.

Rubi ha escrito varios artículos sobre astrología para la publicación mensual "Today's Astrologer", ha impartido clases de Astrología, Tarot, Lectura de las manos, Sanación con Cristales, y Esoterismo. Tiene videos semanales sobre temas esotéricos en su canal de YouTube: Rubi Astrologa.

Tuvo su propio programa de Astrología trasmitido diariamente a través de Flamingo T.V., ha sido entrevistada por varios programas de T.V. y radio, y todos los años se publica su "Anuario Astrológico" con el horóscopo signo por signo, y otros temas místicos interesantes.

Es la autora de los libros "Arroz y Frijoles para el Alma" Parte I, II, y III, una compilación de artículos esotéricos, publicada en los idiomas inglés, español, francés, italiano y portugués. "Dinero para Todos los Bolsillos", "Amor para todos los Corazones", "Salud para Todos los Cuerpos, Ríete de la Vida antes que la Vida se ría de ti, Claves de la Prosperidad, Limpiezas Espirituales y Energéticas, Anuario Astrológico 2021, Horóscopo 2022, Rituales y Hechizos para el Éxito en el 2022, 2023 y 2024, Hechizos y Secretos, Clases de Astrología, Rituales y

Amuletos 2020,2021,2022,2023,2024 y Horóscopo Chino 2023 y 2025, y muchos más, todos disponibles en nueve idiomas: inglés, ruso, portugués, chino, italiano, francés, español, japonés y alemán.

Rubi habla inglés y español perfectamente, combina todos sus talentos y conocimientos en sus lecturas. Actualmente reside en Miami, Florida.

Para más información pueden **visitar el website:**

www.esoterismomagia.com